政治家の正義と徳
西郷隆盛の霊言

RYUHO OKAWA
大川隆法

まえがき

西郷隆盛《さいごうたかもり》の現代政治に対する最新の霊言《れいげん》である。ここまで現代の情勢に対して、真正面《ましょうめん》から、大胆《だいたん》に斬《き》り下《お》ろしてくる太刀筋《たちすじ》は、さすがだと思う。

このぐらいの胆力《たんりょく》がある人がいてこそ、明治維新は断行《だんこう》できたのだと思う。

三度目の霊言集《れいげんしゅう》ということで、言葉は、かなりこなれた現代用語を使っているが、その思想の太さ、あくまでも正義を貫《つらぬ》こうとする態度は、日本人がこの百五十年間尊敬し続けた西郷隆盛のもの、そのものである。

日本の国の内憂外患《ないゆうがいかん》を打破《だは》すべく発《はっ》された言魂《ことだま》は、必ずやこの国が「正義」と「徳」を取り戻すために役立つことだろう。また私たちが立ち上げている『幸福実現党《こうふくじつげんとう》』が、泡沫政党扱《ほうまつせいとうあつか》いされてよいものではないことを、雄弁《ゆうべん》に代弁してくれているとも思う。

二〇一六年　六月十五日

幸福《こうふく》の科学《かがく》グループ創始者兼総裁《そうししゃけんそうさい》
幸福実現党創立者兼総裁《こうふくじつげんとうそうりつしゃけんそうさい》　大川隆法《おおかわりゅうほう》

政治家の正義と徳　西郷隆盛の霊言　目次

政治家の正義と徳　西郷隆盛《さいごうたかもり》の霊言《れいげん》

二〇一六年六月一日　収録
東京都・幸福の科学総合本部にて

11

幸福実現党への叱咤激励《しったげきれい》　173

「霊言現象《れいげんげんしょう》」とは、あの世の霊存在の言葉を語り下ろす現象のことをいう。これは高度な悟《さと》りを開いた者に特有のものであり、「霊媒現象《れいばいげんしょう》」（トランス状態になって意識を失い、霊が一方的にしゃべる現象）とは異なる。

なお、「霊言」は、あくまでも霊人《れいじん》の意見であり、幸福の科学グループとしての見解と矛盾《むじゅん》する内容を含《ふく》む場合がある点、付記しておきたい。

政治家の正義と徳　西郷《さいごう》隆盛《たかもり》の霊言《れいげん》

二〇一六年六月一日　収録

東京都・幸福の科学総合本部にて

西郷隆盛《さいごうたかもり》（一八二七〜一八七七）

幕末・明治初期の武士、政治家。薩摩藩士《さつまはんし》。第二次長州征伐《ちょうしゅうせいばつ》以後、倒幕《とうばく》運動の指導者となり、薩長同盟を成功させたほか、王政復古を実現させ、江戸城《えどじょう》を無血開城に導いた。維新《いしん》後は、新政府の参議・陸軍大将となったが、一八七三年に、征韓論《せいかんろん》に関する政変で下野《げや》し、帰郷。一八七七年、西南戦争に敗れ、城山《しろやま》で自刃《じじん》した。大久保利通《おおくぼとしみち》、木戸孝允《きどたかよし》と共に「明治維新の三傑《さんけつ》」と称《しょう》される。

質問者　※質問順

里村英一《さとむらえいいち》（幸福の科学専務理事〔広報・マーケティング企画《きかく》担当〕兼《けん》ＨＳＵ講師）

森國英和《もりくにひでかず》（幸福実現党党首特別補佐《ほさ》）

七海《ななみ》ひろこ（幸福実現党広報本部長 兼 財務局長）

［役職は収録時点のもの］

1　六年ぶりに西郷隆盛《さいごうたかもり》の霊《れい》に日本の政治を訊《き》く

「口数は少ない」と思われる西郷隆盛

大川隆法　六年も前になりますが、二〇一〇年に、『西郷隆盛《さいごうたかもり》 日本人への警告』（幸福の科学出版刊）という霊言集《れいげんしゅう》を出しました。

これを見てみると、一日に質問者を三人ずつ二回転させて一冊の本をつくっています。（西郷隆盛の）口数はかなり少ないと思われますので、今回も大変かと思います。（里村に）あなたがいちばん話をして、『里村の霊言』になってしまったりするかもしれません（笑）。

『西郷隆盛 日本人への警告』
（幸福の科学出版刊）

里村　いえいえ（苦笑）。

大川隆法　この口数の少ない人に、何か話してもらわないといけないでしょう。上手に質問をして頑張《がんば》ってもらわないと、それほど長くは続かないと思います。

里村　はい。

緩《ゆる》やかに、幸福の科学の言っている方向に動いている「国論」

大川隆法　（前掲《ぜんけい》『西郷隆盛　日本人への警告』を掲《かか》げて）この本が出た六年前（二〇一〇年）は、幸福実現党が立党して、まだ一年ぐらいのときかと思いますけれども、（西郷隆盛は）「〝屍《しかばね》の山〟を三回ぐらい積み上げないと、国論は変わらんだろう」というようなことを言っていました。

なお、〝屍の山〟は、もう五回ぐらいは積み上がっているとは思いますが（苦笑）、確かに国論は変わってきたでしょう。

里村　はい。

大川隆法　この立党のころに比べれば、だいたい、巨大《きょだい》タンカーのようなターンの切り方ですけれども、全部が緩《ゆる》やかに、当会の言っている方向に動いているようには見えます。

ただ、「新しい宗教政党を国政のなかに受け入れて、体制内に存続《そんぞく》させよう」という意思は感じられないというところでしょうか。国会内にもマスコミにも、まだ、そこまでの意思はないと思います。

また、「国民」という全体意識があるかどうかは分かりませんし、それはマスコミ主導でしか判断できないのかもしれませんが、国民にも、そこまでの意識はないような気がするのです。

ただ、私たちの言論そのものの影響《えいきょう》は、マスコミと政界の両方に出てきていますし、国民の意識も少しずつ変わってはいるでしょう。こんなところが現状かと思います。

前回の霊言《れいげん》から六年たった今、西郷隆盛に「次の一手」を訊《き》く

大川隆法　さて、「さらに戦え」とおっしゃるか。また、宗教政党の立脚点《りっきゃく》として、何をおっしゃるか。今日的《こんにち》な話題もあるけれども、もっと大きな、長い目もあるでしょう。六年たった段階で、もう一回、仕切り直してみたいと思います。

本当は、〝ある方〟が緊急《きんきゅう》メッセージを出したいのかなとも思ったりはするのですが、今日は、代理で西郷隆盛を収録します。

実は、もう一つ別に、「神武《じんむ》天皇のお怒《いか》りについて」というようなテーマもあったのです。しかし、あまりにも恐《おそ》ろしいので、こちらのほうが〝無難《ぶなん》〟なのではないかと思い（笑）、西郷隆盛のほうに出ていただこうと考えました（注。以前の霊

言のなかで、神武天皇と西郷隆盛は同じ魂《たましい》グループであるとされている）。

今、参議院選（第24回参議院議員通常選挙）の投開票日（二〇一六年七月十日）まで一カ月余りです。そろそろ、国会も終わって、選挙モードに入ってくるところだと思うので、何らかの〝引き締《し》め〟も要《い》るのかなと感じています。

「次の一手」、あるいは「心構え」について、何らかのご指南を頂ければ幸いです。

（質問者に向かって）あとは、そちらでよろしくお願いします。

明治維新《いしん》の立役者《たてやくしゃ》・西郷隆盛を招霊《しょうれい》する

大川隆法　それでは、大きなテーマとしては、「政治家の正義と徳」ということを一つ掲げて、明治維新《いしん》の立役者《たてやくしゃ》の一人である、西郷隆盛先生の霊言《れいげん》を頂きたいと考えます。

（合掌《がっしょう》し、瞑目《めいもく》する）

西郷隆盛の霊よ。

西郷隆盛の霊よ。

どうぞ、幸福の科学総合本部に降りたまいて、その心の内より、真実の言葉をお述べください。

西郷隆盛の霊よ。

西郷隆盛の霊よ。

幸福の科学総合本部に降りたまいて、その真実の言葉をお述べください。

ありがとうございます。


（約十五秒間の沈黙《ちんもく》）

西郷隆盛（1827 ～ 1877）
「鳥羽・伏見の戦い」では、薩長軍の総指揮官として旧幕府軍を破り、江戸無血開城を実現。明治維新後は、諸藩からの猛反発が予想された「廃藩置県」を断行するなど、日本の近代化に貢献した。武人としての功績はもとより、「敬天愛人」を座右の銘にするなど、情に篤い人柄は後世においても尊敬を集めている。
（写真：上野公園に建つ西郷隆盛像と愛犬ツンの像）

2 財政赤字の原因となっている今の国会

六年ぶりに登場した西郷隆盛の霊《れい》

里村　おはようございます。

西郷隆盛　うーん。

里村　西郷隆盛先生におかれましては、再びのご降臨《こうりん》、まことにありがとうございます。

西郷隆盛　ああ……。うん。

里村　前回は、六年前に霊言《れいげん》を賜《たまわ》りました。六年前に比べて、残念ながら、日本の政治、あるいは世界の行く末は、さらに混迷《こんめい》を深めている感がございます。

西郷隆盛　うーん……。

里村　いま一度、西郷先生のお言葉を頂きまして、これからの未来のための指針にさせていただきたいと思います。今日は、よろしくお願いいたします。

西郷隆盛　（里村に）君も、いい体してるじゃないか。

里村　ええ、鍛《きた》えております（笑）。

西郷隆盛　上野《うえの》で、犬連れて立ったら、君でもいけるよ。

里村　いえいえ、とんでもございません。

西郷隆盛　いや、着物を着たらいけるよ。

里村　いえいえ、お恥《は》ずかしい話でございます。

西郷隆盛　代わり、やれ。

里村　中身において、まったく問題になりませんので。

西郷隆盛　そんなことないよ。

里村　いえ（笑）。

今の日本の政治がフラフラしているところを見て、最近、佐藤一斎《さとういっさい》先生、また、山田方谷《やまだほうこく》先生から霊言を賜りました（『心を練る　佐藤一斎の霊言』『財政再建論　山田方谷ならどうするか』〔共に幸福の科学出版刊〕参照）。幕末から明治維《い》新《しん》までの流れを見ておられる西郷先生は、今の日本をどのように見ていらっしゃいますでしょうか。

西郷隆盛　何にも言わんかもしらん。

里村　いや、「何も言われなくなった」ということは、本当に「日本は終わりだ」ということになります。

西郷隆盛にも影響を与えた幕末の大儒学者が語る。
『心を練る　佐藤一斎の霊言』
（幸福の科学出版刊）

幕末の「財政再建の神様」が景気回復策を指南。
『財政再建論　山田方谷ならどうするか』
（幸福の科学出版刊）

西郷隆盛　もう最近は、噴火《ふんか》が流行《はや》っとるので。

里村　はい。そのあたりについても、ぜひ、あとでお伺《うかが》いしたいと思います。

たいへん恐縮《きょうしゅく》ではございますけれども、現在の……。

西郷隆盛　（里村に）君、ようしゃべるなあ。

里村　すみません（笑）（会場笑）。

箱根山噴火に込められた神意が明らかに。
『箱根山噴火リーディング』（幸福の科学出版刊）

大地震の霊的背景のリーディングを試みる。
『熊本震度７の神意と警告』（幸福の科学出版刊）

日本の財政赤字については「国会を閉鎖《へいさ》したらいいんだよ」

里村　まず、現在の日本の政治についてお伺いしたいと思います。

時あたかも、本日の夕方に、安倍《あべ》首相が消費税増税の再度の先送りを表明すると見られております（注。二〇一六年六月一日、安倍首相は、二〇一七年四月に予定していた消費税率十パーセントへの引き上げを、二年半延期することを発表した）。

西郷隆盛　ふーん。

里村　それは、「世界経済のため、国民経済のため」という甘美《かんび》なる言葉で国民を欺《あざむ》いて、自分の公約をどんどん違《たが》えているようにも見えます。また、国民に、「一千兆円の財政赤字をなくすために、消費税増税は必要なんだ。それは、社会保障のためでもあるんだ」と言ってまいりました。このように、ある意味で、国民を脅《おど》しもしてきたわけです。

西郷隆盛　君、〝日本語〟をしゃべれよ。何を言うとるか、よう分からんでなあ。

里村　ああ、すみません。

西郷隆盛　もうちょっと短く区切って、ポイントをしゃべんなさい。

里村　はい。要するに、今、日本の安倍総理が非常に甘《あま》い言葉で国民をなだめすかして、政権運営をしております。そうした現状について、西郷先生はどのようにご覧になっておられますでしょうか。

西郷隆盛　うーん……。何がいかんの？

里村　「何がいけない」と申しますのは？

西郷隆盛　何の問題がある？　何が問題なの？　何がいけないの？　「甘い」のがいけないの？　甘い言葉？

里村　いや、「甘い言葉」がいけないということではなく、「国民を欺く」という点です。

西郷隆盛　何を欺いたんだ？

里村　例えば、「財政赤字の一千兆円は、国民の借金である」と政府は説明しております。

しかし、それは、自分たち自民党がつくった赤字でございます。「こうした嘘《うそ》が許されるのか」ということをお伺いしたいのですが。

西郷隆盛　ふーん、嘘ねえ。まあ、「一千兆」と言うても、すぐには分からん数字だなあ。

里村　そうですね。

西郷隆盛　うーん、大きくてちょっとよくは……、うーん。

里村　まあ、幕末で言えば、「いったい何百、何千万両になるのか」というところですが。

西郷隆盛　まあ、「一千両」ぐらいならちょっとは分かるがなあ。「一千兆」っていったら、どんなもんかなあ……。うーん。

里村　積もりも積もりました。

西郷隆盛　なんで、そんなに借金せないかんわけ？

里村　そこなんです。私どもも、「なぜこんなに膨《ふく》れたのか」と疑問に思っています。今、考えてみますと、結局、〝自民党幕府〟の寿命《じゅみょう》をもたせるために、赤字が積み上がったのではないかと思われます。

西郷隆盛　そらあねえ、国会を〝閉鎖《へいさ》〟したらいいんだよ。そしたら「予算を組む人がいなくなる」からさあ、予算は要《い》らなくなるわ。

里村　はい。「国会を閉鎖したらいい」ということですね。

西郷隆盛　国会があるから、予算をつくって、撒《ま》くんだろう?

里村　はい。

西郷隆盛　やめたらいいんだよ。毎年、税務署は自動的に税金を取るからさ、役所が使い道を決めてくれるわなあ。それで終わりよ。国会が要らんのだろう?

里村　そういうことでございます。

西郷隆盛　国会が要らんのだよ。

選挙対策の「バラマキ」が財政赤字の原因

里村　つまり、一見、国会で、話し合いなどで審議《しんぎ》をしているように見せているわけですが、「実は、まったく関係ないじゃないか」ということですね。

西郷隆盛　うーん。まあ、役人にやらせといたら、入っただけしか使わんだろうよ、たぶん。国会を絡《から》ませると、入った以上に使うんだろう？　それは票が欲《ほ》しいからな。まあ、そういうことだろう？

里村　はい。

西郷隆盛　国会をやめたらええ。

里村　例えば、今朝《けさ》の新聞に、「五兆円から十兆円の大型補正予算を組む」という話が出ていました。

西郷隆盛　それは選挙用だろう？　選挙対策だろう？

里村　そうなんです。選挙の前になると、巨額《きょがく》のお金が出てくるのです。

西郷隆盛　君らだって、五兆も十兆も買収できんわなあ。そんな金はないわなあ。あるわけないわなあ。

里村　はい。

西郷隆盛　五億だって大変だわなあ、ばら撒くのはなあ。五兆、十兆っていう「兆」

の単位でやられたらさあ、これをやれるところがあるわけないじゃない、政府以外でなあ。それがあるから赤字になるんだろう？

里村　はい。

西郷隆盛　だから、財政赤字が消えるまで、（国会を）閉鎖したらいいんだよ。

赤字をつくった国会議員は「全員クビ」

里村　「国会を閉鎖すべきだ」というお言葉が出ていますが、日本では、西郷先生がたのご活躍《かつやく》によって、議会制民主主義というものが出来上がりました。

西郷隆盛　こんなに金がかかると思わんかったわな、少なくともな。幕府より悪うなっとるでな、これなあ。幕府だって、こんなに借金はつくっとらんよ。

里村　明治政府も最初のころは、三井《みつい》家などに頼《たの》んで、予算をつくるのに大変なご苦労をされました。

西郷隆盛　まあ、よくは知らんけど、とにかく、年間予算は、今、百兆円ぐらいかな?

里村　まあ、そうですね。

西郷隆盛　だけど、実質収入は半分弱ぐらいかな。五十兆あるかないかは知らんけど。

里村　はい。簡単に言うと、五十兆円ちょっとあります。

●国の歳出、歳入、借金の割合　平成28年度（2016年）の一般会計予算は約96.7兆円であるが、歳入のうち、税収で賄《まかな》っているのは約6割であり、残りの約4割は公債金（国債等を発行することによって借りたお金）収入に依存している。

西郷隆盛　これが、「借金が一千兆ある」って言うんだろう? 使えるわけないじゃんなあ。もう（国会は）機能停止すべきだわな。だから、本来、いてはいけない。全員クビだわな。辞職する必要はない。クビだよ。

里村　もちろん、与党《よとう》も野党も含《ふく》めて、「既存《きそん》の国会議員は全員クビ」ということですね。

西郷隆盛　うん、そうそう。辞職解散なんてする必要はない。クビだよ。な?

里村　ええ。

西郷隆盛　ちゃんとアメリカン風に、「ファイヤー（クビにする）」したらいいんだよ。その代わり戻《もど》ってきたらいかんのよ。

だから、「解散して、もう一回戻ってくる」っていうから、これ、金がかかるわけでしょ。やっぱり、「戻ってこられない」という立場でやらないかんわなあ。

そらあ、会社だったら、大赤字をつくった重役は帰ってこれるか？　帰ってこれないでしょう？

里村　はい。

西郷隆盛　退職金もなくなるんじゃないか？　どうだ？

里村　おっしゃるとおりです。

西郷隆盛　それだけの借金をつくった政治家は帰ってこれないし、それから、国会議員としての一生の年金みたいなのも、こんなもん、全部返納だわな、当然。当ったり前じゃないか。

まずは経営陣《じん》を刷新《さっしん》しなきゃいけないんだろう？　だから、全部クビだよ。現議会に勤めておる人たちはクビだよ、（机を叩《たた》く）全員。帰ってきちゃいけない。解散してもいいけど、帰ってきちゃいけない（机を叩く）。

里村　はあ。

3 維新《いしん》の理想だった「四民平等《しみんびょうどう》」は実現しているのか

国民には「国会議員の追放《ついほう》権」が必要

里村　それが、今の民主主義においては、選挙というものを通じて、またみんな〝そっくり帰ってくる〟状態なんです。

西郷隆盛　そら駄目《だめ》だ。そらあ、間違《まちが》ったんだ。そりゃ、議会制民主主義の間違いなんだ。

いや、会社だって、それは役員会議で、経営会議して方針を決めてるんだろう？　で、投資だの、事業だのをやってるんだろう？　それで、赤字になって、立ち行かなくなったら、当然、社長は辞《や》めるけども、あとの責任がある役員まで辞めるんだろう？　それで、役員は刷新《さっしん》されるんだろう？　あと、株主総会で、それを決められるんだろう？　なんか、承認が必要になるからさ。

この「株主」に当たるのは、「国民」なんだろう？　国民の投票だろう？

だから、国民は、それはねえ、「(国会議員を) 帰ってこられないようにする権利」を、何か持たないかんわな。「これを帰さない」っていう。

里村　はああ。

西郷隆盛　だから、「追放権《ついほう》」っていうのが要《い》るわなあ。「国会議員の追放権」を持たないといかんわなあ。追放権がないんだろ？　今なあ。

里村　はあ、なるほど。

「消費税増税の失敗の責任を取って、自民・民進は下野《げや》せよ」

里村　今の選挙はまったく逆で、お墨付《すみつ》きを与《あた》えるための一つの儀式《ぎしき》になってしまっているんです。

西郷隆盛　そうそう。だから、どんなに悪いことをしても、もう一回再選されれば、全部元に戻《もど》ったことになるけど、借金は帳消《ちょうけ》しにはならないんだろ？　もう一回当選しても、帳消しにならないよな。

里村　はい。

西郷隆盛　それが帳消しになるならいいよ。その人が再当選したら、借金が全部帳消しになるシステムならいいけど、ならないんだろ？

里村　ええ。

西郷隆盛　例えば、「再当選したら、国債《こくさい》を買ってる人が全部寄付してくれる」っていうんだったら、まあ、それはそれでええがなあ。そういうわけにはいかんだろう、たぶんな。

里村　昔、古代ギリシャの民主制には、「陶片追放《とうへんついほう》」という制度がございまして、「それで議決されたら、それこそ十年は、政治はおろか、そもそも国に戻ってこられない」という制度でした。

西郷隆盛　うーん、消費税だの、よくは分からんけどね。私には、その仕組みはよくは分からんけども、（机を叩《たた》きながら）「消費税を上げる」っていうことに対しては、今の民進党の元の民主党も、自民党も、両者が合意して決めたんだろ?

里村　はい。

西郷隆盛　だから、責任は片方だけにはないわなあ。責任は両方にあるし、それに、大手マスコミもみんな合意して、根回しが終わって決めたんだろ?

それで、結果として、「財政赤字が増え、景気は低迷《ていめい》のまま」ということであれば、「失敗」であるわけだから、両者、下野《げや》すべきだわなあ。当ったり前だよ。

再選が政策支持を意味するなら、支持したほうにも責任がある

里村　現代において、国会を停止させる大権というのは、いったい何に……。

西郷隆盛　そもそも、そんなもの(国会)が必要だと思うのも間違ってるわけで、

機能すれば、それはあってもいいが、機能しないんなら要らない。国なんてつくれるもんだからさ。粘土《ねんど》をこねてつくるようなもんだからさ。機能しないものを置いといても、しょうがないじゃない。

赤字をつくる役員や役員会議なんて、会社だったら置いてくれないだろ？　どこだって。当ったり前じゃないか。そんなの、みんな追放だろ。なんでかって、株主が配当をもらえなくなるからだろ？

里村　ええ。

西郷隆盛　今、国債を買ったって、配当はほとんどないわけだろ？

里村　はい。

西郷隆盛　もし、その制度をそのまま置いとくなら、まあ、例えば、安倍《あべ》自民党が参議院選でまた勝つんだったら、「国債を買っとる人が全員、債権放棄《ほうき》する」ということにしなきゃいけないわなあ。それだったら、借金は減るだろうよ、勝てばな。「国債を持っとる人たちは、債権放棄するかい？」って。そしたら、借金が減ってくるから、勝つたびに。

それでも投票するかどうかを見ればええわなあ。一回やってみたらよう分かるわ。（自民党が）勝ったら債権放棄で、今持ってる国債が全部紙くずになって、国庫に没収《ぼっしゅう》される。それならいいよ。

里村　いや、しかし、それですと、幕末の大名貸《だいみょう》し……。

西郷隆盛　分かっとるよ。分かっとるよ。だから、「どうやったら、〝自民党幕府〟が潰《つぶ》れるか」を教えてやっとるだけじゃないか。

里村　そうですか。

西郷隆盛　絶対、賛成しないから、これだったら。

だけど、これは、ほかのところでは全部、通用しとる考え方だからなあ。

里村　ほかのところ？

西郷隆盛　会社でもそうだし、一般《いっぱん》的なものの考え方として、これはみんな通用してますから。

里村　その代わり、債権放棄と同時に、今、施政《しせい》をしている主役は、それも放棄であると。

西郷隆盛　いや、どっちかだよ。

だからね、「再選された」ということが、「政策が支持された」ということなら、支持したほうに責任があるからさあ。そらあ、「国民の借金です」ということを認めたということでしょ？

里村　はい。

西郷隆盛　赤字は、本来、経営者の責任として経営責任を追及《ついきゅう》せないかん。経営責任を追及しないで、それを追認して認めたということであれば、安倍さんが言うように「国民の借金」だろうから、国民はそれを没収されてもしかたないだろう。

維新《いしん》の理想は、特権階級を増殖《ぞうしょく》させることではなかった

里村　今の日本の政治の仕組みを見ますと、「票とお金を合法的に〝買う〟仕組み」ができております。

つまり、「国民がいろいろな業界に参加する。建設業、医療《いりょう》、あるいは農業など、その集まりが、そのまま仕事をする上での許認可だとか、いろいろなものを頂くのと引き換《か》えに、票とお金が正当に与党《よとう》に集まり、それが使われて、また票が集まる」という循環《じゅんかん》ができているんです。

西郷隆盛　（国会の議席の）過半数を取っておれば、予算の権力を持ってるからねえ。過半数を持っとれば、自由に予算は使えるわなあ。まあ、そういうことなんだろうからさ。

里村　ただ、これは、当然の権利の行使《こうし》というよりも……。まあ、西郷先生がたが立ち上がられた維新《いしん》の理想に、こんな仕組みが合致《がっち》しているかというと、私はとてもではないけれどもそうは思えません。

西郷隆盛　江戸《えど》幕府よりはよかれと思うて、明治政府をつくったんだがな。それも、だんだん金がかかるようになるし、特権階級がなあ、だんだんに出来上がってきつつあったからな。

まあ、それに不満で、私も下野した者であるからねえ。

だから、理解してるかどうかは知らんよ。西洋型の議会制民主主義を、私が正確に理解してるかどうかは知らんけれども、私らの理想として、幕府の打ち倒《たお》し、および、新政府の打ち立ては、「四民平等《しみんびょうどう》の世」をつくることであって、そういう特権階級を増殖《ぞうしょく》させる世の中をつくるためではなかった。

それから、福沢《ふくざわ》（諭吉《ゆきち》）先生とかも、「門閥《もんばつ》制度は親の敵《かたき》で御座《ござ》る」とおっしゃっておったと思うがなあ。そういうふうに、代々、生まれによって、大名だとか、旗本《はたもと》だとか、上士《じょうし》だとかな、そういう人たちが権力を振《ふ》るえる体制が国を駄目にしたと見たから。それで、四民平等の世をつくって、いろいろな人たちが、まあ、例えば、能力があれば政治にかかわって、この国をさらによくするという仕組みをつくったつもりなんだけども。

ただ、今の自民党も「三代目」だらけだわなあ。

里村　はい。

西郷隆盛　これもまた、江戸時代とそう大きくは変わらんのじゃないかなあ。

里村　ああ、門閥ですね。

西郷隆盛　門閥だわなあ、はっきり言ってな。これはおかしいんじゃないか。

4 「アベノミクス」による株価操作に感じる〝腐敗臭《ふはいしゅう》〟

「お金を操作して世渡《よわた》りする人が多すぎる気がするなあ」

里村 （前掲《ぜんけい》『西郷隆盛 日本人への警告』を掲《かか》げて）六年前、鳩山《はとやま》首相のときに、西郷先生に、こちらの霊言《れいげん》を賜《たまわ》りました。

西郷隆盛 うん。

里村 そのあと、首相がいろいろと替《か》わって、自民党に戻《もど》り、安倍《あべ》総理になったわけですが、われわれとしては、「少しはいいかな」と思ったのです。おそらく、日本の神々も少しは期待もあったかと思うのですが、安倍総理に関しては、いかがでございましょうか。

西郷隆盛　まあ、あんまりよくは分からんからさあ、現代の政治の仕組みは。そんなによくは分からないんで。われわれの時代は、マスコミっていうもんはそれほど、まあ、瓦版《かわらばん》ぐらいだったんで（笑）、そんなによくは分からないんだけども。うーん……、これがほんとの「西洋式の民主主義」っていうものなんかなあ？　私にはよう分からんなあ。

里村　うーん。

西郷隆盛　合議すればすべてよしというわけでは、必ずしもない。合議できない独裁よりはいいとは思うんだが、「その合議が、本当に真剣《しんけん》になされているのか。あるいは、操《あやつ》られているのか」っていうところが問題なのかなあ。

里村　「操られている」とは、どういうことでしょうか。誰《だれ》から……。

西郷隆盛　それは、何て言うかなあ。甘《あま》い汁《しる》を吸おうとする国民が〝繁殖《はんしょく》〟しておるんかな。勤労意欲が薄《うす》くて、甘い汁にたかろうとする国民かなあ。これが〝繁殖〟しておるんかなあ。

まあ、いわば、何だろうか。自《みずか》らは働かずして、高利貸しばっかりやってるような人がいっぱいいる世の中っていうか、そんな感じかなあ。分かるかなあ？

里村　はい。山田方谷《やまだほうこく》先生の霊言においても、「社会貢献《こうけん》なくして、社会福祉《ふくし》なし！」というお言葉を頂いております（前掲『財政再建論　山田方谷ならどうするか』参照）。

西郷隆盛　何だか、お金を〝操作〟して世渡《よわた》りをしとる人が、ちょっと多すぎるような気はするなあ。実際に何かを生み出してるっていうんでなくてなあ。「何かを生み出して富をつくる」っていうんならいいが、お金をただ動かしてるだけで、今は、何だ？　電子マネーっていうのか？　よくは知らんが、そんなんが行ったり来たりしてるうちに膨《ふく》らんでいって儲《もう》かったり、世界の長者《ちょうじゃ》も出来上がってくるらしいけど。

その仕組みは、私にはもういっちょ分からんなあ。いったい何がゆえに、そういう富の権力が生まれてくるのかなあ？　まあ、これも分からんなあ。

「株をいじって儲《もう》けることに狂奔《きょうほん》する世界には納得《なっとく》いきかねる」

里村　つまり、「国民の側も、汗水《あせみず》垂らさずしてお金を得たいという気持ちが強いということが、今のこの政治を生んでいる土壌《どじょう》としてある」というわけですね？

西郷隆盛　うーん。私なんかは、もうひとつ、農民国家的な思想があったから駄目《だめ》なのかもしらんけども。

里村　いえいえ。

西郷隆盛　まあ、龍馬《りょうま》さんなんかはさ、「株式会社はええもんや」と思うとったんだろうがな。「コンパニーというのはええもんや」と思うとったんだろうけど、「株式会社、株式会社」と全部、株式会社っていうのは、なんか、もうひとつすっきりせんもんはあるなあ。

里村　ほお。

西郷隆盛　「株価が上がった、下がった」で一喜一憂《いっきいちゆう》してさあ、そういうので小金《こがね》を儲《もう》けようとしとるやつがいっぱいおるっていうのも、なんか、わしはもうひとつすっきりせんのだがなあ。「ちゃんと労働して稼《かせ》げ」っていう感じはするんだがなあ。

里村　ええ。

西郷隆盛　どうかなあ？　まあ、「安定的に余ってるお金を投資に回して、社会貢献したい」っていうなら分かるんだけどさあ。株をいじって儲けてるやつがたくさんおるんだろ？「政治家の発言やマスコミのニュースで、いっぱい損したり得したりする」みたいなゲームを、延々《えんえん》と毎日やっとるんだろ？　これって、社会的な損失なんじゃないのかなあ。

東京市場の日経平均株価を示す電光ボード。

里村　損失ですか。

西郷隆盛　ああ。本来なら勤労して、富を生み出すべき人たちがだなあ、勤労しないで賭博《とばく》をやって、賭《か》け金を儲けてるような、そんな感じかなあ。賭博に見えるわなあ。

里村　はああ。博打《ばくち》？

西郷隆盛　だから、株式会社っていうのは、要するに、銀行が出さないようなところに、みんなが出資して株を買ってだなあ、その会社が大きいになったら、その配当をもらうっていうような……。まあ、これは分かることは分かるんだけどな、感じとしては。

里村　はい。

西郷隆盛　そういう出資制度としての株式会社は分かるんだけども、ただ、それを、毎日のように売ったり買ったりして儲けるとか、情報を流して損したり得したりするような、あの仕組みなあ。

まあ、少しはそういうものがあってもよいとは思うんだが、それに全部が狂奔《きょうほん》してる世界っていうのは、私には、もうひとつ納得《なっとく》がいきかねるものがあるなあ。

政府による株価の操作は経済の実力アップを意味しない

里村　株式会社に出資して、株式が上がれば、その結果としては、「社会がより便利になる」とか、「民衆の生活がよくなる」とか、そういうことが必ず付随《ふずい》して回っていました。

ところが、今は、株主だけとか、その会社にかかわる人だけのものに……。

西郷隆盛　いやあ、銀行に預けておいても大して動かないお金を、例えば、「基幹《きかん》産業」みたいなのにドンッと投資して、それを長期的に持っといてくれれば、十年、二十年、三十年かかって大きな開発ができて国が豊かになって大きくなると。そして、結果的に、それが儲かった場合に配当を受けると。まあ、私はなあ、これは悪くないと思うんだな。

里村　ええ。

西郷隆盛　君らが言うようなリニア新幹線みたいなものをつくるには、やっぱり、「何十年もの」の出資は必要だろう。そういうものに出して、結果、儲かることがあっても、それはいいと思うんだよ。そういうドンッとした投資はいいと思うんだがなあ。
ただ、毎日、「利食《りぐ》い」っていうのかなあ。こういうので売ったり買ったりしてるような人間がいっぱいいて、そういう聡《さと》いやつが儲かったり、逃《に》げたやつが儲かったりする。また、そういう世の中に政府が関与《かんよ》してねえ、株価を上げたり下げたり、一生懸命《いっしょうけんめい》、奔走《ほんそう》してるような姿は醜《みにく》いわなあ、とても。政府がやるべきことではないわな。

里村　確かに。
しかし、今、安倍政権がやっているのは、「アベノミクス」という名前を付けておりますけれども、まさに、それです。

西郷隆盛　そうだろう。

里村　つまり、人為《じんい》的に株価を上げるために、日銀を動かしたりしてやっています。

西郷隆盛　それで、景気がよくなったように見せようとしとるんだろ？　だけど、「景気がよくなったかどうか」っていうのは、実体経済でしょう、やっぱりねえ（苦笑）。

里村　ええ。

西郷隆盛　株価がどう変動したか。まあ、それは、「日銀が何か言った」とか、「外国で何か言った」とか、「アメリカがこう言うた」とかさ、「政府の政策がどうの」とかいうので操作してるんだけど、実際に豊かになったわけではないからね。

そういう心理的な〝あれ〟で動いとんだろ？

里村　はい。

西郷隆盛　「うわあ。五兆、十兆、ばら撒《ま》くらしい。景気がよくなるかもしれない」っていうんで株価が上がるみたいな。こういうものは、本当の経済の実力がアップしたわけじゃないだろう。

こういうのに、一生懸命、政府がかかわっておるということ自体、私は〝腐敗臭《ふはいしゅう》〟を感じるなあ。

里村　はあ。そうすると、「安倍政権のもともとの思想のなかに、腐敗せるものがあった」ということですか。

西郷隆盛　あるんじゃない？

マイナス金利について衆院予算委で答弁する日銀の黒田総裁。右端は安倍首相。（2016年2月4日撮影）

だからさあ、基幹的なものというか、基幹産業っていうか、大きな巨視《きょし》的な観点から、この国の重要なところを発展させる。基礎《きそ》的なところをつくっていって、大きく発展させて、細々《こまごま》としたことは民間に任せる。それが基本の考えだからねえ。

その細々したところを、テクニックのようなものを使って、目先をよく見せたりいろいろして対策をしたり、世論誘導《せろんゆうどう》をしたり、選挙対策をしたりするような、こういうコチョコチョしたやつがなあ。もう、ブンブンとハエが飛び回っとる感じがして、ハエ叩《たた》きでパシーッと打ち落としたくはなるわなあ、それは。

里村　はい。

5 伊勢志摩《いせしま》サミットは失敗だった!?

伊勢神宮《いせじんぐう》の意味を説明できなかった安倍《あべ》首相は「首相失格」

森國　ありがとうございます。今、現代の資本主義の問題点のところをいろいろお話しいただいたと思うんですけれども……。

西郷隆盛　ああ、そうなの。

森國　もう一つ、最近の話題としては、先週行われた伊勢志摩《いせしま》サミットがあります。先進国の首脳が、伊勢神宮《じんぐう》に来訪し、伊勢で一堂に会してサミットが開かれました。また、そのあと、アメリカのオバマ大統領が、原爆《げんばく》投下国の大統領として初めて、広島を訪問したりもしております。

こういったことは、日本のこれまでの歴史を見ますと、ある意味で、日本のいいところとか、外国が反省すべきところとかについて、一定の発信をしているようにも見えるんですが、一定の不純なるものを感じなくもないというところもございます。

こういったところを、日本の神々の一柱《いっちゅう》であると思われます……。

西郷隆盛 うーん、君も、タラタラタラタラと、牛の小便《しょうべん》みたいに長いやっちゃなあ(会場笑)。

伊勢志摩サミットで訪日した各国首脳らと伊勢神宮内宮の参道を歩く安倍晋三首相(右から3人目)(2016年5月26日撮影)。

森國　はい（笑）。すみません。

西郷隆盛　今、二つ訊《き》いたんかなあ？

森國　はい。

西郷隆盛　一つずつにしてくれんかなあ。

森國　では、まず、伊勢志摩サミットについて、どういったご感想をお持ちでしょうか。

西郷隆盛　安倍《あべ》さんは、伊勢神宮の意味について説明したかなあ？

平和記念公園を訪問し、原爆死没者慰霊碑に献花する米国のバラク・オバマ大統領（2016年5月27日撮影）。

森國　していないと思います。

西郷隆盛　してないよなあ。だったら、（サミットを）する必要ないだろう、伊勢で。なあ？　見せただけだろう？　観光なんだろう？　それは駄目《だめ》だよなあ。

里村　ええ。

西郷隆盛　「観光で、世界の人に来てもらいたい」という宣伝をしたのかもしらんが、宣伝役としてやったのかもしらんが、伊勢の意味を説明できんかったんなら、伊勢でサミットなるものをやる必要はなかったわなあ。だから、これは失敗だな。

里村　失敗？

西郷隆盛　失格だな、首相としてな。

里村　失格ですか。

西郷隆盛　連れてくる意味がないわなあ。

伊勢志摩サミットで、日本の神様を悪用した安倍首相

里村　安倍首相は、一生懸命《いっしょうけんめい》、「参拝《さんぱい》ではないんだ。訪問だ」というかたちにしていました。

西郷隆盛　くだらない！　くだらない。それを、神が許すと思うか？　「穢《けが》れ」だろう。

里村　はい。

西郷隆盛　外国人が鳥居《とりい》から入ってくるときに全部、靴《くつ》を脱《ぬ》がせたらよかったんだよ。靴を脱がせてねえ、素足《すあし》でお白州《しらす》の上を歩かせたらよかったんだよ。

里村　（笑）

西郷隆盛　それで、神主《かんぬし》にお祓《はら》いを全部かけさせたらよかったんだよ。悪霊《あくれい》がいっぱい憑《つ》いとるだろうから、それを全部祓ってやったらなあ、すっきりするよな。

まあ、「郷に入《い》れば郷に従え」だから。「日本ではこうしてるんです」って言って、やってやればよかった。

里村　なるほど。

西郷隆盛　最後に、「禊《みそぎ》」と称《しょう》して、五十鈴川《いすずがわ》に全員、飛び込《こ》ませたら、もっとよかった。「これが日本流です」と。

里村　（笑）なるほど。

西郷隆盛　そのくらいやらんとなあ。伊勢で何をやったんだ、あいつは。赤福《あかふく》でも食いに行ったか？

里村　霊人のなかには、霊言《れいげん》で、「日本の神様を利用するのか」とおっしゃる方もいます。

西郷隆盛　まあ、悪用だなあ。悪用しとるわなあ。

里村　悪用している？

西郷隆盛　うーん。ちょっとなあ、あれはなあ、わしも見ておって、安倍の尻《しり》の穴に、矢の二、三発撃《う》ち込みたい気持ちになったわなあ。

里村　ああ、そうでございますか。ご覧になっていてですか？

西郷隆盛　けしからん！　伊勢の意義を説明できんで、「伊勢志摩サミット」とは、よう言うた。

志摩でやるんなら、真珠《しんじゅ》を買わせろ！

里村　おお。

西郷隆盛　「英虞湾《あごわん》の真珠を、国庫をみんな開けて、買って帰れ」と。一国当たり、みんな百億単位ぐらいで買って帰るように、ちゃんと売上をあげろ。そのくらいさせんとな。やっぱり、真珠の意味を語らないかんわなあ。

里村　確かに、その真珠も、御木本《みきもと》（幸吉《こうきち》）さんという明治の日本人が養殖《ようしょく》して、一大産業をつくったわけです。

西郷隆盛　そうなんだよ。〝国産のダイヤモンド〟なんだから。

やっぱり、真珠が世界の基準宝石になるんであって、日本で採れないダイヤモンドなどは、あんなに流行《はや》ってもしょうがないんだから。真珠のほうが、ダイヤモンドよりもはるかに値打ちがあって価値があって、これが世界の……。まあ、そうだなあ、〝真珠本位制〟を、これからつくるというような感じの意気込みでもってだなあ、ミキモトの真珠をみんな首からぶら下げて帰らせて、奥《おく》さんにもみんな着けさせたらよかったんだがな。

それを押《お》しつけんで、どうする。一千億ぐらいは売り上げてから帰らせろ。

6　オバマ大統領の広島訪問をどう見るか

「オバマ大統領には礼儀作法《れいぎさほう》を教える必要がある」

西郷隆盛　もう、二つも答えてしもうた。まだあったか？　広島の……。

森國　もう一つ、そのあと、オバマ大統領が広島に行かれて、原爆《げんばく》ドーム等を視察されました。

西郷隆盛　あいつは礼儀《れいぎ》を知らんのか。礼儀作法を一回教えてやる必要があるなあ。だから、お辞儀《じぎ》の仕方を知らんらしいからさあ。あれをちょっと「裏千家《うらせんけ》」でも連れていって、茶の湯を一回やらせたほうがよかったな、行く前にな。

やっぱり、〝猿《さる》〟に人間のしきたりを教えてやらんといかんわなあ。

里村　いや、〝猿〟というのは、問題発言になるかもしれませんので（苦笑）。

西郷隆盛　問題発言？　だけど、なんかアフリカで獲《と》れた猿みたいに見えたがなあ。

里村　いや、いや、いや、いや（苦笑）。
それはさておき、お辞儀というのは、献花《けんか》をしたときにお辞儀をしなかったという……。

西郷隆盛　仕方を知らないんだから、文明人ではないわなあ。

里村　聞くところによりますと、とにかく頭を下げないように、下げないようにしていたそうです。つまり、「謝罪したかのように捉《とら》えられるといけないので」ということでした。

西郷隆盛　だから、下げないんなら、無理やり下げさせたらよかったんだ。それだけだ。日本刀でも持って、後ろから迫《せま》るんだよ。こうやって（刀で薙《な》ぎ払《はら》うしぐさをして）ビュッと振《ふ》ったらさあ、絶対に頭を下げるから。やりゃあいいんだよ。あるいは、薙刀《なぎなた》でもよかった。女子挺身隊《ていしんたい》がいて、薙刀を振ったらいいんだ。あいつの身長から三十センチぐらい下のところでブンブン振り回したらよかった。絶対に頭を下げるから。

原爆《げんばく》投下は「誰《だれ》の罪」なのか

里村　その広島で、オバマ大統領が、「核兵器のない世界を目指す」と表明しました。

西郷隆盛　こんなの言う資格があるわけないだろうが。
まあ、一万発はないんかもしらんが、七千発か八千発か知らんが、核兵器を持ってる。人類に核兵器を落としたのはアメリカ人だけだろ、今まで。

里村　そうです。

西郷隆盛　反省するのはアメリカ人だけじゃないか。ほかに誰《だれ》もいないんだからさあ。
だから、まずアメリカ人が率先《そっせん》して反省しなさいよ。それで、ほかのところにも、「落とさないように。私たちみたいに反省せないかんようになりますから」と。これで筋《すじ》が通っとるんだろうが。自分らが反省しないで、「人類の罪」とかさあ、アッハッハ（笑）。「子供

原爆投下の真相に迫る。『原爆投下は人類への罪か？――公開霊言 トルーマン＆F・ルーズベルトの新証言――』（幸福実現党刊）

たちの笑顔を見るために」とか、ええかげんにしろっていうんだ。
やっぱりなあ、あれは「安政《あんせい》の大獄《たいごく》」みたいにやらないかんわなあ。血の気《け》の多い水戸藩《みとはん》あたりから十数名ぐらい雇《やと》ってきてねえ、忍者装束《にんじゃしょうぞく》か何かで一斉《いっせい》に斬《き》りかかる。アメリカのＳＰのピストルの弾丸《だんがん》を真っ二つにしながら進んでいって、首を斬り落としてね。
だから、〝広島の大獄〟を一つ起こすべきだったなあ。
七海　本来、そのように斬りかかるぐらいの気概《きがい》を持った日本人でありたいと思いますけれども……。
西郷隆盛　いやあ、「気概」じゃなくて「本気」でやれよ、ちゃんと。
七海　本気で。ただ、日本人は……。

西郷隆盛　「(核兵器を) 落としたのは、おまえたちだろうが。その代表で来たんだろう。首を斬られに来たのと違《ちが》うんか」と。

七海　おっしゃるとおりです。

西郷隆盛　本来なら、「切腹《せっぷく》の作法」もちゃんと教えてやりたいよ。「切腹をそこでせえ」と。「オバマの首は、わしらが斬ったるから」と。それはもう、原爆《げんばく》で被害《ひがい》を受けた人をズラーッと並べて、その前でねえ、切腹の儀式を教えてやればいいよ。やっぱり、「あんた、ハリウッドだけが映画だと思うとるんか? 日本の切腹は美しいぞ」と。ちゃんとねえ、真っ白のをパッと脱《ぬ》いで、(腹切りのしぐさをしながら) ブスッとやらせる。

そして、「まだ斬らんぞ。首は斬らんぞ。もうちょっと頑張《がんば》れ。頑張れ、頑張れ。

二十分ぐらい頑張れ」とやらせておいて、それからバサッと一発やってやりゃあね。（森國を指して）君みたいな見目麗《みめうるわ》しい長身の男性が、二メートルぐらいの大太刀《おおだち》でバサーッと首を落としてやればねえ、アメリカは「七十一年の反省」を清算することができるかもなあ。

まあ、「七十一年間、みなさんを苦しめて、まことに申し訳なかった。私らが悪いことをしたために、中国や北朝鮮《きたちょうせん》がまねをして困っとるんだ。罪の源泉《げんせん》はわれらにあった」ということで、パサッとやればよかったんだよ。そしたら、オバマは歴史に名前が遺《のこ》ったであろう。

七海　幸福実現党は、アメリカにそのような謝罪を求めていたのですけれども、日本人の大多数は、「謝罪を求めないことに、日本の品位がある」というような意見を持っているようです。

西郷隆盛　まあ、「人類の罪」っていうようなのは、そういうねえ、日本だけでなくて、アメリカのほうの悪いあれが伝染しとるんだな。「人類の罪」っていうのは、結局、「誰の罪でもない」っていうことだろ？　そういうことなんだからさあ。やっぱり、加害者と被害者をはっきりしなきゃなあ。だから、沖縄《おきなわ》で少女暴行……。少女かどうかは知らんけど。

里村　二十歳《はたち》の女性です。

西郷隆盛　少女じゃないのか。まあ、二十歳なら大人か。でも、暴行事件だ何だあったたっていうのは、これねえ、「人類の罪」と言やあ、人類の罪だからなあ。だから、人類に男女があるがゆえに起きた罪で、これは、「エデンの園《その》で起きた、そもそもの罪で、原罪」だと。まあ、「神様がお創りになられた原罪によって、沖縄で事件が起きた」と、こういうようなことを言うとるんと一緒《いっしょ》だわな。

里村　なるほど……。

西郷隆盛　「でも、違うでしょ」と。「加害者と被害者があるんでしょ？　加害者が被害者に謝るんでしょ？」ということだな。

日本で「核《かく》のない世界」を演説するのはきれいごと

里村　今、西郷先生もおっしゃったように、中国と北朝鮮から現実に「核《かく》の脅威《きょうい》」を受けている日本で、「核のない世界」を率先してつくろうというのは……。

西郷隆盛　それは、北朝鮮へ行って言えよ。ちゃんと北朝鮮へ行って、平壌《ピョンヤン》の広場でやりなさいよ。それやったら、「核のない世界」って、意味があることだよ。

北朝鮮に言いなさいよ。なんで、北朝鮮で降りられないのよ?「殺されるから」と思っとるからだろう。「殺される」と思うとるんだったらねえ、「軍隊」を持って降りなさいよ。着陸したり、パラシュートで降りたらいい。そこで演説したら意味はあるよ。

あとは、北京《ペキン》でやりなさい。北京でねえ、「核兵器のない世界を」って。そこでやってくださいよ。

核兵器を持ってない日本で言うて、どうするの?「(日本に核を)持たせないぞ」と言ってるだけじゃないですか。それはねえ、間違ってますよ。こういうのをねえ、「美辞麗句《びじれいく》」と言うんであって、それは君(里村)の言う「きれいごと」であるし、「甘美《かんび》な言葉」かもしらんけど。

里村　甘美な言葉です。

西郷隆盛　まあ、こういうふうに騙《だま》しておるのを分かりながら、それに騙されて喜んで、お追従《ついしょう》を書いとるマスコミが情けないわ。ああ、情けないな。テレビも、新聞も。これは、みんな腐《くさ》っとるわ。根っこから腐っとるから、それを全部〝草刈《か》り〟やらなあかんね。

里村　八割以上の国民が、マスコミ報道を受けて、今回のオバマ大統領の広島訪問を、「よかった」と肯定《こうてい》いたしました。

西郷隆盛　これで、「日本人は十二歳《さい》の知能しかない」と思われ続けとるわけよ。騙せる。その程度でな。

安倍《あべ》氏の考えている〝正義〟とは

里村　問題は、北朝鮮が「水爆実験を成功した」と称《しょう》し、中国が南シナ海でどんどん軍備を増強しているときに、このようなことを広島でやらせていることです。私は、安倍《あべ》政権、あるいは日本の政治について、これはおかしいのではないかと思っています。

西郷隆盛　安倍氏は、何年も続いとる従来の首相と、だいぶ違うんじゃないのか？　だから、これは日本の左翼《さよく》の票を取るためだけにやっとるんだろう。「平和運動」だの、「戦争法案反対」だの言うて、わめいとる人たちの票を切り崩《くず》すためにやっとるんだろう。たぶん、そういうことだと思う。

里村　はい。

西郷隆盛　だからね、それは安倍氏が武士であるなら、オバマ氏に対して堂々と、「あんたねえ、北朝鮮は核開発をし、水爆実験もしたと一月に言うとる。その真偽《しんぎ》は、アメリカが向こうへ行って調査し、金正恩《キムジョンウン》をお白州《しらす》に引っ立てて、国際法廷《ほうてい》でちゃんと審議《しんぎ》すべきだ。裁判すべきだ」ということを、やっぱり言わないかんわなあ。

それを堂々と言っているところがテレビに流れたらな、そらあ、安倍氏の支持率が上がっても、わしは一向におかしいとは思わんがな。

でも、ああいうのは駄目《だめ》だ！　不徹底《ふてってい》だ。

里村　左翼向け、つまり、必ずしも日本のためにならない勢力も……。

西郷隆盛　安倍は、選挙の結果しか考えておらんのよ、結局。あいつの〝正義〟は、選挙の結果。選挙の結果って何かっていったら、「自民党総裁の維持《いじ》」、「首相の任期の延長」、これだけだろう?　彼の考えてる〝正義〟はそれだ。首相任期の延長。これだけだな。

まあ、これは情けないわな。だから、どっかの殿様《とのさま》みたいだな。

7　西郷隆盛が語る「現代の攘夷論《じょういろん》」

〝見世物《みせもの》の民主主義〟と化した日本

里村　明治維新《いしん》から百五十年がたちましたが、このような総理、あるいは政治家が日本に出てきて、しかも長期政権を維持するということは考えられましたか。

西郷隆盛　国民を愚弄《ぐろう》してねえ、侮《あなど》って、操作できると思ってるやつが長い政権を持てて、正直な者はすぐ言葉尻《じり》を捉《とら》えられて失脚《しっきゃく》するというような政治はねえ、マスコミがそれを主導してるつもりでおるなら、ここにも責任があるよ。

「マスコミのほうも、報道して間違《まちが》ったら、ちゃんと上から順番に辞《や》めていけ」と。逃《に》げ延びるだろう？　言い訳してな。

だから、「マスコミの言い訳」と「政治家の言い訳」はよく似てるけれども、やっぱり責任の所在をはっきりさせなさい。

確かに、こういう言論については、会社みたいな決算の損益だけの問題ではないだろうけれども。おそらくはね。

でも、「正しいか、正しくないか」についての責任はあるわな。正しくないことを主張して、責任を取らないような人が居座《いすわ》って、そして、延々《えんえん》と偽物《にせもの》政権と〝連結決算〟をつくり続けてるみたいな感じかなあ。

だから、男じゃないわな。まあ、女でもない。

里村　しかも、選挙という制度を通じて、また〝再生産〟されて、同じことを繰《く》り返します。

西郷隆盛　まあ、それでクビにして、いろいろ回転させると、記事が多く書けて、報道ができて面白《おもしろ》いから。何にもない〝無風地帯〟は面白くはないんだろう。何か、とにかくショーを見せないかんわ。
だから、政治家はショーマンでなきゃいけないんで、何か手品を見せないとな。手品、マジック、そういうものを見せないと、報道することがなくなるからなあ。あとは、殺人事件ばっかり追わないかんからさ。何かそういうものをせないかんようになってるな。
まあ、〝見世物《みせもの》民主主義〟っていうの、これはな。偽物でもあるが、見世物の民主主義だな。

里村　はああ。見世物……。

西郷隆盛　うん。面白くないよな。
これは、あれじゃないの？　昔のローマの、ライオンと剣闘士《けんとうし》が闘《たたか》っとったような、コロッセウムのあれみたいだな。剣闘士か? 剣でライオンと闘っとったあれとか。スペインの闘牛士みたいなのが、赤い布《きれ》一つで、角《つの》の生えた牛とやってるようなものだな。

まあ、こんなようなのをみんなに見せないと、国民は退屈《たいくつ》しとるっていうことで、テレビをつけてくれないっていうことだろ?

里村　(古代ローマ時代の)「パンとサーカス」でございますね。

西郷隆盛　そうだな。

だから、愚民《ぐみん》だな、完全に。こんな世の中をつくりたかったわけではないな。もうちょっとスパッと、「信義」と「誠実」、「正義」を貫《つらぬ》けるような国にしてほしかったわなあ。

「今、必要なのは攘夷論《じょういろん》」

里村　その、「正義を貫ける国にしたかった」というところを、ぜひ、もう少し具体的に教えていただければと思います。今、日本はどういう国になるべきでしょうか。あるべき日本の姿についてお伺《うかが》いいたします。

西郷隆盛　だから、「言論ゲーム」の無駄《むだ》が多すぎるんじゃないかなあ。見世物になっとるからさあ。もうちょっと、ちゃんとさあ、本心で、分かる言葉で言いなさいよ。お互《たが》い、話をして。それができないんだったらさあ、政治家も要《い》らないし、役人も要らないよな。「分からなくして、それに二次三次の解説が必要になって」みたいな感じのばっかりするんだったら、これは、「くだらない、生産性のない仕事をしている」と言わざるをえんわなあ。

だから、今、必要なのは、「攘夷論《じょういろん》」でしょう？　攘夷でしょう？　もう、どんどん海軍を増強してねえ、アジアに脅威《きょうい》を起こしてる国がそこにあるのに、サミットをし、日本に来ながら、それについて名指しをして非難することもできないで、いったいどこに向かって言うとるわけ？　ノーベル賞委員会に向かって言うとるのか、あれは。誰《だれ》に向かって言うとるんだ。

里村　現代の攘夷論、要するに、夷狄《いてき》の排撃《はいげき》ですね。

西郷隆盛　「攘夷」ったってさ、もちろん、それは、「ほかの国をよくしていきたい」っていう人たちを拒否《きょひ》しているわけではないよ。「そいつらに取られたら、大量虐殺《ぎゃくさつ》が起きて、国は奪《うば》われ、文化も奪われる」というのが見えてるような国に対しては、攘夷は「圧倒《あっとう》的な正義」ですからね。そういうことですから。見れば分かるじゃない。ねえ？

里村　はい。

西郷隆盛　中国がやっとるような、チベットだ、ウイグルだ、その他を見たら分かるじゃない。取った国がどうなるか。全部、国の「文化」も「伝統」も捨てられるんだからさ。

これが今、フィリピンに行き、ベトナムに行き、日本に、台湾《たいわん》に、香港《ホンコン》もそうだろうけど、全部やられようとしてるんでしょう?

里村　はい。

西郷隆盛　オバマ氏は日本に来る前に、ベトナムに寄ってきたんでしょうが。そこで、かつて戦って敗戦国になったんだろうけど、ベトナムに追い散らかされたアメリカが、ベトナムに、「アメリカ製の武器を供与《きょうよ》する」と言うてから来たんだろう？　何のために供与するの？　それは、中国から防衛するためでしょう。これがメインの仕事で来たんでしょう？

で、日本での核廃絶《かくはいぜつ》（の演説は）、どこに対してそれを言うとるんだっていうことだわなあ。

里村　ベトナムで「武器供与」と言ったことと、日本に来て言ったことが、まったく矛盾《むじゅん》しておりました。

西郷隆盛　だから、嘘《うそ》つきだな。これねえ、ノーベル賞っていうのは、〝嘘つき委員会〟のことだね。〝嘘つきコンテスト〟だよ。

2016年5月23日、ベトナムを訪問中のオバマ大統領は、チャン・ダイ・クアン国家主席と会談後に共同記者会見を行い、ベトナムに対する武器禁輸措置を全面解除すると表明した。

「北朝鮮《きたちょうせん》のムスダン発射を、いつまで練習させるつもりなのか」

里村　「攘夷論」というところで申しますと、中国の危険性は、六年前に西郷先生がおっしゃっていたよりも、はるかに強くなっております。

西郷隆盛　全然〝違う国〟でしょう、習近平《しゅうきんぺい》の中国は。

里村　ここまで、よく野放《のばな》しにしてしまったなという……。

西郷隆盛　だから、ちゃんと私の言ったことは当たっとるんじゃ。

里村　当たっております。そのとおりでございました。

西郷隆盛　「屍累々《しかばねるいるい》になっても、国防論議を高めて、国を護《まも》る政治をやらないと危ない」と言ったけど、何の間違いもないでしょう？

里村　はい。

西郷隆盛　そのとおりですよ。

まあ、君らは「屍累々」だけど、少なくとも、言い続けたことは、ちょっとは通ってるしねえ。ああいう朝日新聞だ、テレビ朝日だというような「左翼《さよく》平和論者」たちでも、北朝鮮《きたちょうせん》の脅威については報道するようになったわなあ。

もう、「謎《なぞ》の飛翔体《ひしょうたい》」なんて言わんようにはなったわなあ、さすがに。「ムスダン発射失敗」とか、そういうふうに、はっきりと書くようにはなっとるわなあ。

里村　はい。

西郷隆盛　いつまで、あれ、〝練習〟させるつもりなんだ？　なあ？　やっぱり、そのへんをねえ、糾弾《きゅうだん》しなきゃいけない。マスコミなら政府に。「四回失敗した」とか言って、次またやるに決まってるじゃないの。生きてるかぎり、あれはやるわなあ。でも、いつかは、あれは成功するわな、いずれな。

里村　確かに、失敗を重ねれば重ねるほど、逆にデータを集めて、次の成功、明日《あした》の成功につながります。

西郷隆盛　そう。それは、中国製だかソ連製だか知らんけど、古いやつを持ってるのを、積んでるうちに錆《さ》びついとるかなんか知らんけどさ（笑）。

里村　はい（笑）。

西郷隆盛　古くなって爆発《ばくはつ》しないかもしらんけど、だんだんそれは改良するだろうよ、いずれな。成功したときには、もう〝終わり〟だよ。

西郷隆盛が迫《せま》る「歴史観の書き換《か》え」

里村　「現代の攘夷論」についてですが、具体的には中国や北朝鮮に対する備えというものをしっかりする必要があります。

ところが、今の政治家はそれができませんし、日本国民も、戦後七十年間、武装解除されて、あるいは〝刀狩《かたなが》り〟をされて、自《みずか》ら刀を持つことを放棄《ほうき》してしまいました。

西郷隆盛　だからだね、ベトナム戦争でアメリカは、「共産主義が広がるのを止《と》めることが大義だ」と言って戦って、それに対しては、アメリカ国内でも反戦運動があったし、日本でも「べ平連（ベトナムに平和を！ 市民連合）」とかが「ベトナムに平和を！」と言うてた。

里村　はい。

西郷隆盛　つまり、「安保闘争」をいっぱいやってきた人たちがいて、闘争的には、安保推進のほうが勝ったんだろうけど、僅差《きんさ》でな。

ただ、あのときに反安保勢力が勝っておれば、日本は中国陣営《じんえい》に入って、アメリカの逆側に回るはずだったんだけど。

里村　ええ。

西郷隆盛　結果は、アメリカが戦争には負けて、確かにベトナム人を殺したかもしらんけど、それが何十年か後には、アメリカ軍に助けてもらわなきゃいけなくなってる。ベトナムもフィリピンも助けてもらわなきゃいけなくなっとるっていうことは、やっぱり、「中国に味方したのは間違いであった」ということだよなあ。

里村　はい。

西郷隆盛　であるなら、その前にあるのはどうかっていうと、「日本の行為《こうい》は正しかったのかどうか」は検証されねばいかんわなあ。「アメリカが日本を攻撃《こうげき》したことが間違いであった」ということになって、それが結局は、共産主義の世界的攪拌《かくはん》につながったわけで、これは戦争前から分かっとったことだから。

里村　はあ。

西郷隆盛　日本がやってた「日独伊《にちどくい》三国同盟」は、防共協定として、これは同盟を結んだんで。これ、正しいじゃないですか。

その後は、ソ連と中共（中国共産党）が、共産主義を世界の半分まで広げて、それで慌《あわ》ててアメリカが「赤狩り」なるものを始めたんで。これ、「無明《むみょう》」だよ。まったく頭が〝ボンクラ〟で出来上がってる。武器だけ持ってて、脳がないのはあちらのほうだわ。脳みそがなくて、武器ばっかりつくっとった「武器商人国家」だな。

やっぱり、そこまで遡《さかのぼ》って反省してもらわないと、いかんのじゃないかな。

里村　今の西郷先生のお言葉は、「現代史の書き換《か》え」です。

西郷隆盛　そうですよ。

里村　そこから始まらないと、日本の再生はない？

西郷隆盛　私らや、それから、もちろん日本草創の神々から明治維新の志士まで、これを全部、悪魔《あくま》たちの軍隊だと思うとったんだろうから。「悪魔が降臨《こうりん》して、日本の国をつくり、日本の明治維新をやって、無謀《むぼう》な第二次大戦に突入《とつにゅう》した」っていうのが、「アメリカ史観」だからね。

里村　はい。

西郷隆盛　これを戦後の文化人は受け入れてきたわけよ。なんだけど、七十一年たってなあ、そろそろこれを捨てようとし始めてきてるところでしょう？　これですわな。これ、やらないかんわなあ。史観を書き換えないと。

里村　ええ。

西郷隆盛　もともとは、ペリーが来て、無理やり日本をこじ開けて、開国させた。そして、日本を中国みたいな植民地にしようと、欧米《おうべい》列強が入ってこようとしてたところを、われわれ維新の革命家たちが、この国を護《まも》るために、必死になって。

里村　はい。

西郷隆盛　国防と、幕府を打ち倒して新政府をつくるっていう、「富国強兵路線」を敷《し》いたわけだからなあ。

それが間違ってて、「闇《やみ》の勢力」みたいな言い方をする考えも、今、出とるからさ。これ、負けてはいかんよ。

8　日本に必要な「正義」と「宗教観」

今の日本の政治家が失ったもの

里村　例えば、「政治家」という括《くく》りで言いますと、西郷先生をはじめとする維新《いしん》の志士たちと、今の日本の政治家との違《ちが》いは何だったんでしょうか。

西郷隆盛　まあ、臆病《おくびょう》だわな。

里村　臆病。

西郷隆盛　うーん、臆病だわ。やっぱり、日本刀を失ったっていうのは大きいことだなあ。

里村　「臆病」ということですが、以前、西郷先生は霊言《れいげん》において、「己《おのれ》を捨てることの大切さ」を説かれていました。

西郷隆盛　だから、「死ぬこと」を考えとらんもんな。

里村　ああ。

西郷隆盛　わしらはさあ、「永遠の魂《たましい》」を信じておったし、「神仏の存在」を当然のことと思っておったから。「この世にあるかぎり、神仏の願う正義を実現するためにこそ、わが肉体生命はある。そのお役に立てないなら、肉体生命、生き長らえて意味なし」というのが基本的な考えだからね。

だから、死ぬことも恐《おそ》れなかったわけであって。

里村　はい。

西郷隆盛　私だって、朝鮮《ちょうせん》のあれねえ。「明治維新を起こし、もう、役立たずで終わった人間だから、朝鮮にわしを送ってくれ。そうしたら暗殺されるから、それを理由にして朝鮮を押《お》さえないといけない。朝鮮半島が次の戦争の原因に必ずなるから、朝鮮半島を平定《へいてい》しないと日本の国防は護《まも》れない」というのが私の考えであったけど。

まあ、「お金の問題」にすり替《か》えられてな。「欧米《おうべい》列強風の経済力をつけないかん」というようなことをやったけど、結局、ほんの二、三十年遅《おく》れで同じことをやっただけだろう?　わしの言ってるほうが正しくて、早かったんだ、言ってることはな。

里村　ちなみにその件に関しては、百五十年たった今でも、「結局、朝鮮半島の安定が、日本にとって高度な安全保障の問題である」という状況《じょうきょう》は何も変わっていません。

西郷隆盛　変わってないし、あれは北朝鮮に統一させるわけには絶対いかないし、韓国《かんこく》が統一したって、あの国は〝危ない〟ですよ。

里村　そうなんです。

西郷隆盛　だって、あの国は反日だから。韓国が統一したってさあ、八千万の国民を持って、核《かく》兵器までも持たれたら、まあ、北の核兵器を吸収して、八千万の国ができたら、これ、竹島を取って、意気揚々《いきようよう》と大統領が上陸して、「うちの固有の領土だ」と言ってるところでしょう?

里村　はい。

西郷隆盛　あれはね、日本に自衛隊がなかったときに取ったんだからねえ。線引いて。「李承晩《りしょうばん》ライン」っていうのを。

里村　ええ。

西郷隆盛　ああいうことをねえ、のうのうとやって、同盟国みたいなふりしてやってるっていうのはねえ。あれで、(日本に)反省ば

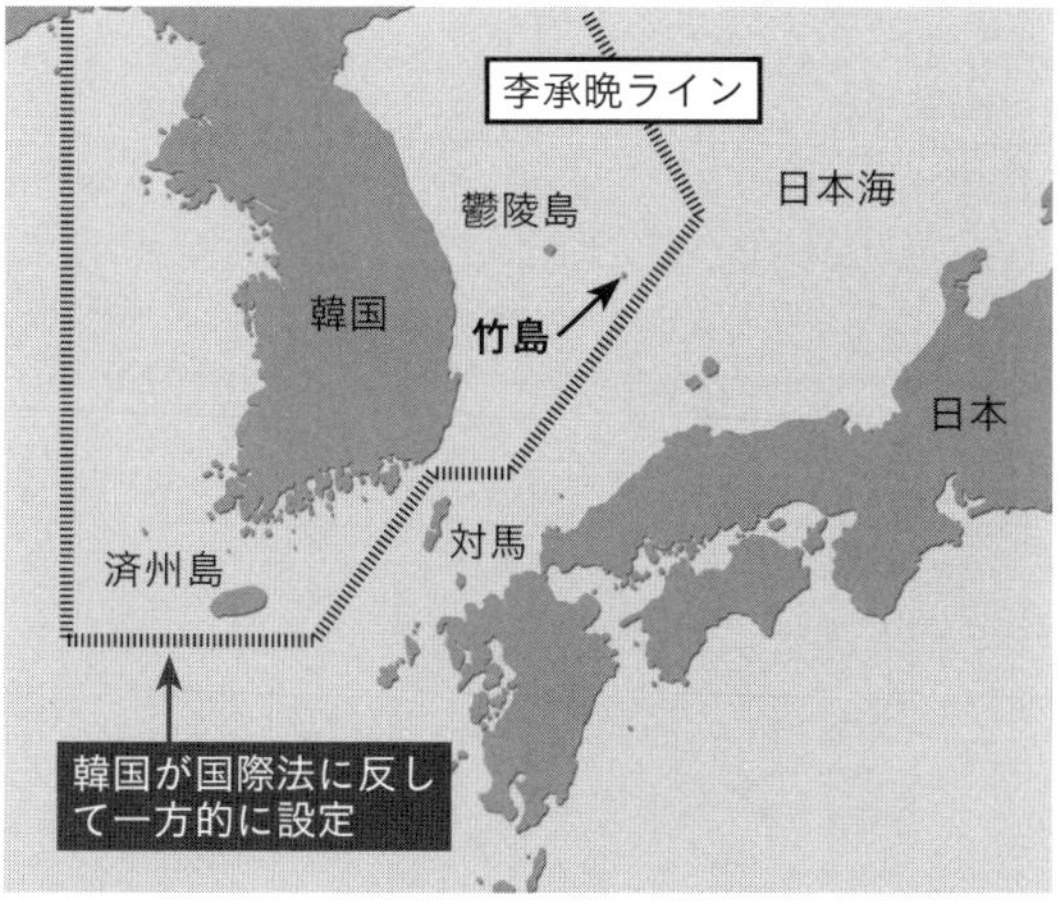

1952年、韓国の李承晩大統領が一方的に定めた日韓境界線「李承晩ライン」。国際法に反して日本海および東シナ海に境界線を定め、竹島をライン内に取り込んだ。(上図:外務省発行「竹島──法と対話による解決を目指して」から)

っかり求めとるんだろう?

里村　はい。

西郷隆盛　それで、「従軍慰安婦《いあんふ》」というのを奇貨《きか》としてさあ、「これを救済しろ」というような、こんなことをまだ言ってる。

まあ、中国もやっとるけど、「南京《ナンキン》（大虐殺《だいぎゃくさつ》）」と「従軍慰安婦」か?　こういうもので、「国家対国家」の関係で、延々《えんえん》と脅《おど》しまくっているわけだよなあ。

これでいいんならさあ、アメリカが沖縄《おきなわ》でさあ、少女だか女性だか知らんけども、暴行したとかいうようなことを奇貨として、アメリカ政府を脅しまくったっていいわけだから。

里村　ええ。

西郷隆盛　さすがに日本人は、そんなことはしないでしょ。できないでしょ。まあ、行為《こうい》自体は憎《にく》んでも、「国家 対 国家」の問題にまではできんでしょう、そう簡単に。

里村　はい。

西郷隆盛　まあ、沖縄県知事は知らんけどさ。あれは早くサメに食わしたほうがいいとは思うが。

里村　日本国内にも、一生懸命《いっしょうけんめい》、「国家 対 国家」の問題にしようとしている勢力があります。

西郷隆盛　だから、あれは早く、オスプレイっていうのからロープで吊《つ》るして、尖《せん》閣沖《かくおき》のサメがいっぱい泳いでるところへ、スーッと入れてみたり、出してみたり、入れてみたり、出してみたり、まあ、食いつくまでやったらええのよ。

里村　（苦笑）それは、翁長《おなが》知事でございますね。

西郷隆盛　うん、そう、そう、そう。まあ、首……、まあ、口ぐらいまで食いちぎってもらわないと困るんだけど。

里村　ええ、ええ、ええ。そうすると、そういう翁長知事も含《ふく》めて、今の日本の政治家は、まず、臆病であると。

西郷隆盛　うん。

里村　結局、「命を捨てられない」という気の弱さですね。

西郷隆盛　だから、この世の命しか考えとらんだろうからさ。

里村　なるほど。

西郷隆盛　先送りしてるだけだろう。争いの先送りだけしてるだけで、そういう「巨視《きょし》的なものの見方」がまったくできないんだからさ。
　あれはもうねえ、本当、四川《しせん》省でも行って、フカヒレ料理でも食ってろよ。

里村　（笑）

西郷隆盛が考える「正義」とは

里村　そうすると、当時の西郷先生がたにあって、今の政治家にない資質、あるいは、備えるべき資質としては、あと、いかなるものがございますか。

西郷隆盛　やっぱり、「正義」っていうのはね。

里村　はい。

西郷隆盛　「正義」っていうのは、口で言うのは美しいがな。正義っていうのは、基本的には、やっぱり、「邪悪《じゃあく》なるものは憎まなければならない」んだよ。

里村　はい。

西郷隆盛　邪悪なるものをねえ、繁栄《はんえい》させたり、生き延びさせたりしてはならないっていうこと。この邪悪なるものの拡散に対して、「断固、盾《たて》となって、それを防ぐ」っていう、あるいは、「粉砕《ふんさい》する」というところまで行かないといけないんだよ。

里村　いや、それは全然ないですね、今。

西郷隆盛　許してはならない。断じて許してはならないんだけど、そこが、「なあなあ」なんだろ？　「なあなあ」にする。

里村　むしろ、今の日本国民は、政治家も含めて、「ほかの国の紛争《ふんそう》とか、ほかの国で行われている不正義とかにかかわるべきではない」という、「一国平和主義」でずっと来てます。

西郷隆盛　いや、こういう国民はなあ、もう一歩誤ったら、これで信仰心《しんこうしん》が〝ゼロ〟になった場合は、滅《ほろ》ぼされてもしかたがないよ。滅ぼす勢力が、〝神の勢力〟と言われてしまうから。気をつけないと、悪魔《あくま》が〝神の勢力〟になる可能性があるわな。

里村　はああ。

西郷隆盛　最近は、何か本当に、この国の宗教観が疑われているでしょう？　だから、正月に参賀《さんが》したり、キリスト教のクリスマスは祝ったり、まあ、お寺では葬儀《そうぎ》をやったりしながら、しかし、「あの世も信じてない。神仏も信じてない」っていうのが、もう、七、八割もおると言われて。「こんな国、信じられない」と。

里村　はい。

西郷隆盛　それで、宗教の登録人数は、国民の倍ぐらいはいるっていう。これ、国民自体が、自分で自分を謀《たばか》っておるとしか言いようがないわなあ。でなかったら、宗教の定義に何か間違いがあるということだろうなあ。

里村　うーん。

西郷隆盛　だから、宗教行為っていうか、まあ、儀礼や行為にかかわることは全部、明治のときみたいに、みんな「習俗《しゅうぞく》」であって、習俗をやってるだけで、「宗教」ではないと。

宗教っていうのは、本当に心のなかで信じてなきゃ、宗教ではないんだ。だから、西洋型の一神教みたいな、絶対不可侵《ふかしん》の神様が一人だけいて、「それを信じる以外は不信仰者だ」と言われるような感じの信仰を持ってないというだけのことなのかもしらんけども。

里村　うん、うん。

西郷隆盛　ここんとこも革命がなあ……。まあ、君らの言う「宗教革命」かもしらんし、「霊性革命」かもしらんけども。ここもちょっと一発、日本国民もですねえ、〝兜割《かぶとわ》り〟しなきゃ駄目《だめ》だなあ。

宗教の報道に見る「マスコミの問題点」

里村　そうしますと、正義を実行できないところには、やはり、神仏を尊ばない、信仰しないという、不信仰、無信仰というものが関係しているわけでございますか。

西郷隆盛　結局、新聞とかテレビとかいっても、まあ、真実を報道してるつもりでいるんだろうけど、要するに、霊的なものや信仰心にかかわることについては報道しないでしょ。

里村　はい。

西郷隆盛　外形的なものだけは、報道するわけよ。だから、「どこそこの御本尊の仏像が盗《ぬす》まれた」とかいったら、これは、事件としては報道するわな？　それは、する。

例えば、「対馬《つしま》から韓国に盗まれた」とか、「韓国から日本に戻《もど》せ」とか、「いや、韓国のものだった」とか、こういう事件としては報道するかもしらんけど、「本来、御本尊とは何ぞや」っていうようなことは、まあ、かかわらないわなあ。

里村　はい。

西郷隆盛　宗教者が出てきても、いわゆる、人生相談的なものぐらいが、ちょろっと出てくる程度だろう?

里村　そうでございます。

西郷隆盛　で、「宗旨《しゅうし》の宣伝はさせない」みたいな、「これが正しいこと」みたいな、そんな感じなんだろう?

「うちの宗派によれば、こういう考えになるんです」みたいなことは言わせないで、人生相談的に、「この結婚《けっこん》はよかったか」、「離婚《りこん》はよかったか」、「親子関係はどうだったか」、「死んでいくお父様の面倒《めんどう》を見なかったのは、ええんか、悪かったんか」とか、まあ、そんなようなあれだろ?「遺産相続がどうだ」とか、そんなことにまで口出して。

里村　ええ。

西郷隆盛　まあ、そういう人生相談レベルのところは、たまには、何て言うのか、テレビに出たところで信者は増えない宗教の住職とかな？　まあ、そんなような人は出てきて言う。だけど、信者が増えそうなところは、絶対呼ばんわな。

里村　うん、うん、確かに。

マスコミに対して怒《おこ》る役割の人も必要

森國　宗教政党として、これから選挙等も戦っていくのですけども、「宗教政党の強み」を、どういうふうに国民に説得していけばいいのでしょうか。

西郷隆盛　君は、〝焼き討《う》ち〟が専門だろう？（注。以前の霊言で、質問者の森國は、戦国時代に比叡山《ひえいざん》を焼き討ちした織田信長《おだのぶなが》と関係の深い魂であると推定されている）

森國　ハハッ（苦笑）。

西郷隆盛　いやあ、焼き討ち専門なんだからさあ、〝焼き討ち屋〟は、焼き討ちをすりゃあいいわけであって。だから、君が「邪悪だ」と思うものに対して、徹底的《てってい》に糾弾《きゅうだん》すればいいわけよ。

　君、そんな、あんまり〝いい人〟になってはいかんのであって。もともと〝悪い人〟なんだからさ。

里村　（笑）（会場笑）

西郷隆盛　悪い人が、自分よりもっと邪悪なるものを憎む。激しく憎んで、それを攻《せ》め立てるっていうのが、君の役割なんだろう？　そして、暗殺される、いや、横《おう》死《し》する。まあ、そういう人生だよ、だいたいな。

里村　（笑）（会場笑）

西郷隆盛　だから、君は率先《そっせん》してだねえ、邪悪なるものを摘発《てきはつ》して、憎まれなきゃいけないいんだ。

森國　まあ、私の人生は、そういうふうにさせていただくかもしれないんですけども……。

西郷隆盛　うん。

森國　今、党首・釈量子《しゃくりょうこ》を筆頭《ひっとう》に戦っておりますので。

西郷隆盛　ああ、君、党首に責任を振《ふ》ったな。

森國　（苦笑）いえ、いえ、いえ。党首の強みを、今回の選挙等でも発揮していただきたいというふうに思っております。

西郷隆盛　まあ、党首の強みは、それは、うーん……。まあ、確かになあ、分かりやすいわなあ。確かに、分かりやすい人であるとは思うけども。
マスコミ等は、まだ、何だろうね、刺身《さしみ》のツマぐらいにしか見とらんわなあ。

「仏陀《ぶっだ》の花嫁《はなよめ》」じゃなくて、「刺身のツマ」だと思ってる。まあ、その程度だなあ。飾《かざ》り的に、ちょこっと使ってる程度だから。

里村　（苦笑）

西郷隆盛　（森國に）これ、怒《おこ》らないかんのよ。君ね、「うちの党首が出て、こういう扱《あつか》いでいいんですか?」と言って、怒らないかんわけよ。そういう役割も要《い》るんだよ。

森國　はい。

西郷隆盛　（党首が）自分で怒ったら、「人間ができとらん」と思われるからな。（自分で）「私が出て、こういう扱いですか?」って言ったら、ただ怒りっぽいだけにしか見えないこともあるからな。ちょっと、それは言わなあかんわな。

森國　はい。

9　今、人類の「新しい世紀」が始まっている

政治家になる資格は「まっとうな人間であること」

西郷隆盛　（七海に）〝岩崎《いわさき》君〟は、何も言わんのかね、今日は（注。以前の霊査《れいさ》で、七海の過去世《かこぜ》は、三菱《みつびし》グループの創始者・岩崎弥太郎《やたろう》であるとされている）。

七海　「宗教政党」というところで、今まで、いろいろな霊人からご指導を頂いているのですけれども、今一歩、私たちも、もっと宗教性を磨《みが》く、または、説得できるところまで高めていかないといけないと思っています。

西郷隆盛　うん、うん。

七海　あえて、厳しく、今日は……。

西郷隆盛　いや、「宗教政党が……」なんていうふうに、小さく括《くく》ろうと思うところに間違《まちが》いがあるんだなあ。「本物の政党」は、ここしかないわけであって、あとはみんな、「ショータイム」なんだよ。いわゆる、幕間劇《まくあいげき》みたいなのな、そんな幕間の劇をやっとるだけなんであるからなあ。そういう、何て言うか、サーカス団の見《み》世物《せもの》みたいなもんだからさ、あとは。

里村　ほかはイミテーションで、本来、これ（幸福実現党）が正統なあり方なんですね。宗教政党という枠組《わくぐ》みではなくて。

西郷隆盛　そう、そう。宗教政党なんて……、これはさあ、「真の政党」と言うべきでなあ。「まともな政党は、ここしかないんだ」と。「あとはみんな違うんだ」と。「政治屋しかいないんだ」ということだなあ。
だから、パンとサーカスを見せて票を取るやつらは、「政治屋」だな、それはいわゆるなあ。まあ、これは、祭りのときに出てお金儲《もう》けしてる、ああいうのと変わらんわな。

里村　うん。

西郷隆盛　ああいう香具師《やし》だ、香具師。あんなのかねえ。そういう祭りのときにいては、売り捌《さば》いてるような、ああいう人たちと変わらんわな。これが政治屋だ。

里村　確かに、信仰心《しんこうしん》を持った政治家ですと、この世限りの命とは思っておりません。あるいは、臆病《おくびょう》にはならないし、神仏の正義を行うことにも躊躇《ちゅうちょ》はないです。

西郷隆盛　うん。

里村　さらには、嘘《うそ》はつきません。誰《だれ》も見ていなくても、「神仏が見ていらっしゃる」ということで、これに基《もと》づいて行動します。

西郷隆盛　うん、うん、うん。

里村　やはり、こういう部分というのが、本来の政治家として、大切な徳というふうに言っていいということでしょうか。

西郷隆盛　まあ、「当たり前のまっとうな人間として、やるべきことをやりなさい」ということだな。「まっとうな人間の仕事と考えられる範囲《はんい》内で、政治の分野の仕事をするならよろしいが、人間として、まっとうな範囲に入っていない人間が、政治に口を出すべきでない」ということで。

里村　うん。

西郷隆盛　君らは、政治家になる資格があるが、「政治家になる資格が本来ない人たちが、政治家をやっとる」というところが問題なわけよ。

国の借金をつくった者に、徹底《てってい》的に責任を取らせるべき

里村　はああ……。西郷先生から、そのように言っていただくとですね……。

西郷隆盛　うーん。

里村「本来、なるべき資格があるのは、われわれのほうである。こちらである」ということを……。

西郷隆盛　だから、霊的な世界観が失われとるからなあ。三菱《みつびし》の財閥《ざいばつ》等も全然、献《けん》金《きん》してこんだろうが。けしからん。

七海　こちらの説得がまだ足りず……。

西郷隆盛　まあ、やっぱり、そらあねえ、兆の単位の金がねえ、こちらも要《い》るんだからさあ。

七海　はい。

西郷隆盛　与党《よとう》になるには、五兆から十兆、毎回、撒《ま》かないかんのだったら、そらあ、君ねえ、三菱、総力を挙げて、君んとこに持ってこないかんだろうが。

七海　（笑）はい。努力いたします。

西郷隆盛　やっぱり、メイクの仕方が悪いんじゃないか？（会場笑）もうちょっと何か、ああ……。

七海　別なご指導として承《うけたまわ》りたいと思います。

西郷隆盛　もうちょっと、商人っぽい格好をするか、侍《さむらい》のふりをするか、まあ、鳥かごを背負って走るなり何なり、それなりに、〝それらしく〟やらないと。〝出《い》で立ち〟がちょっと、なあ？なめられとる可能性があるなあ。

七海　はい。釈量子《しゃくりょうこ》党首も、国会に行ったら、国会の、ほかのみなさんに、「あなたたちは、神様、仏様を信じているのか」というところから始めたいと、よく……。

西郷隆盛　「七海ひろこ」なんて、君、甘《あま》いんじゃないか？

七海　（笑）

西郷隆盛　「三菱弥太子《やたこ》」とか、何かそういう名前にしたほうがいいんとちゃうか。

里村　（笑）（会場笑）

七海　三菱グループを、総力を挙げて伝道してまいりたいと思っておりますけれども。

西郷隆盛　「兆の金が今、要る」って言ってるんだからさあ。それらを、ぶっ倒《たお》さないかんのだからさ。

残念ながら、君ら、アリがゾウと戦ってるようなもんだからなあ。これじゃあ、ちょっと敵《かな》わんなあ。

里村　いや、確かにそうなんです。「消費税なんて、なくせ」と言うとですね、「じゃあ、その分の財源はどうするんだ」というところにばかり、今、議論が……。

西郷隆盛　財源は、そら、（自民党政府に）「君らが、懲罰《ちょうばつ》として金払《かねはら》え」と言わなきゃいかんわなあ。「君らがつくった借金だろう？　一千億背負って、みんなで返せ」と言わなきゃいかん。

里村　一千兆ですね。

西郷隆盛　一千兆か。

里村　はい。

西郷隆盛　「みんなで返せ」と。今までつくったのを。

墓場から掘《ほ》り起こしてもいいから、墓場の死体まで掘り起こして、全員、借金名《めい》簿《ぼ》に連ねて、「ご先祖のつくった罪を、子孫みんなが払え」ということだ。

みんな、どうせ、資産家の人が多いんだろうからさ。政治家で金儲けた人もいっぱいおるでな。

里村　はい。

西郷隆盛　このへんは、中国や韓国《かんこく》のまねしてねえ、墓を暴《あば》いてでも引きずり出して、一族全部の財産を奪《うば》うぐらいいかないと反省しないよ。悪いことして、金儲けしてつくったやつらはなあ、やっぱり、やらないいかんなあ。

「フィクション」と「現実」との区別がつかなくなっている今の日本

里村　西郷先生は、二十数年前の霊言、あるいは、六年前の霊言で、「命を捨てる」ということと「真心の大切さ」をおっしゃっています。

西郷隆盛　うん、うん。

里村　この政治家としての「徳」の部分、あるいは、「真心」というところについては、現代では、この言葉自体が使われなくなっておるんですけれども。

西郷隆盛　うーん。なるほど。まあ、嘘で固まっとるからな。

里村　はい。

西郷隆盛　だからねえ、虚構《きょこう》の世界なんだよ。君ら、この電波でつくった世界をいっぱい見すぎているためになあ、「フィクションの世界」と「現実」との区別がつかなくなってきてるし、そういう虚像というか、つくられた映像や情報、印象操作みたいなものが本当のように思わせられて、いわゆる洗脳を受けとるんだ。だけど、これを解く術を持たなくなってきているんだよなあ。

だから、大川隆法先生みたいな人から、突如《とつじょ》、変わったことをポーンッと言われたとき、みんな、目の鱗《うろこ》が取れたようになって、びっくりしたりするようなことがあるわけで。

洗脳されてるわけよ、日々なあ。これをスパーンと切り落とさなきゃいけないんだよ。頭から、パカーンと一発いかないいかん。「みんなが当たり前だと思ってることが、当たり前ではない」っていうことをね、パーンと言わないといかんわけよね。だから、そのへんで、やっぱり、「真実を見抜《みぬ》く目」も要るし、それを「言い切る勇気」も要るし、最後は、その体で「責任を受け止める力」も要るわなあ。

里村　その勇気というのは、どこから出てくるのでございましょうか。

西郷隆盛　うん？　それが、君ねえ、「真実を知っていると思う心」だろう。その「真実を知っていると思う心」が、実は、「信仰心」という言葉に置き換《か》えられているんじゃないの？

里村　はい。

西郷隆盛　だから、「日本人の八割近くは信仰心がない」っていうんなら、それは、真実を求めていない。虚像の世界っていうか、つくられたフィクションの世界で、みんな満足してるっていうことでしょう?

里村　なるほど。

西郷隆盛　今は、「CG」って言うんか、何か知らんけど、コンピュータでつくった映像みたいなのを信じさせる世の中になっとるんだろう?

里村　はい。

西郷隆盛　情報もみな、ほとんどそうだよな。つくられた情報を信じさせられているわけだなあ。

だからねえ、やっぱり、君らは、そういうものを論破《ろんぱ》して乗り越《こ》えていかねばならんわなあ。原始的に、人間として通すべき筋《すじ》っていうのはねえ、そんな、二千年前、三千年前と大きく変わってるわけじゃあないんだよ。「邪悪《じゃあく》なるもの」の本質は一緒《いっしょ》なんだよ。「正しいもの」の本質も一緒なんだよ。

それにいくら尾《お》ひれが付いてねえ、膨《ふく》らまされても、それを全部、取り除いてみれば、結局は、元は一緒なんだよ。

「君からその質問が出るとは、ちょっと残念だなあ」

里村　今のお言葉と関連しますけれども、六年前の西郷先生の霊言（前掲《ぜんけい》『西郷隆盛日本人への警告』参照）に、非常に重要なお言葉が出ています。

それは、「日本には、精神的主柱《しゅちゅう》が必要である」というお言葉ですが、この「精神的主柱」というのは、いったい何なのでしょうか。そこのところをお教えいただきたいのですが……。

西郷隆盛　まあ、君からその質問が出るとは、ちょっと残念だなあ。

里村　ああ。残念……（苦笑）。

西郷隆盛　うん、残念ではあるわねえ。

里村　それは……。

西郷隆盛　それは……、（手元の資料の西郷隆盛の顔写真を見せながら）君は、もう顔が、わしの写真とこんなに似とるんだからさあ。

里村　はい（苦笑）。

西郷隆盛　君、もうちょっと、真実に目覚めないと。

里村　いや、あえて、多くの方々のために……。

西郷隆盛　着物を着なさい、これから。君、着物と……、犬を飼って、「ツン」と名付けなさい。

里村　はい（苦笑）。

西郷隆盛　いやあね、「君にそれを言われる」っていうのは、私はショックだな。

里村　いえいえ。

西郷隆盛　君、在家《ざいけ》の人か。

里村　いえ、もちろん出家《しゅっけ》でございます。ただ……。

西郷隆盛　ああ、それはおかしいなあ。

里村　ただ、もちろん……。

西郷隆盛　頭をもうちょっと剃《そ》りなさい。そうしたら、出家らしくなるわ。

里村　はい。

「大川隆法出誕《しゅったん》以前と以後」では歴史が変わっている

里村　ただ、ぜひ、「日本に必要な精神的主柱とは何か」ということを、西郷先生のお言葉として賜《たまわ》りたいと思いまして……。

西郷隆盛　だから、君ねえ、「大川隆法出誕《しゅったん》以前と以後」とでは、歴史は、もうはっきりと違うんだよ。この二千五百年紀が終わったんだよ。釈尊やイエス、モーセ、ソクラテス、いろいろな人がいっぱいいた、二千五百年前ぐらいの「枢軸《すうじく》の時代」と言われる時代は、大川隆法出誕で終わったんだよ。

里村　はい。

西郷隆盛　なあ？「新しい世紀」が、今、始まっておるんだよ。

里村　はい。

西郷隆盛　なあ？　それを伝えるのが弟子《でし》の仕事なんだ。

里村　はい。

西郷隆盛　弟子の仕事が足りとらんから、こんなに苦労しとるわけだからなあ。君らねえ、本気で国教にする気があるの？　本当に世界宗教にする気があるの？　「国教にする」っていうことはだねえ、国政で勝てないと駄目でしょう！

負け続けてて、内部からも、「早く政治から手を引いたほうが、お金も儲かるし、楽でええわ」というような声がいっぱい出てきて、〝政党を外《はず》す〟姑息《こそく》なことを、一生懸命《いっしょうけんめい》、支部だの、いろいろな会員とかがやったり、職員がやってるような状態っていうのは、そもそも、「国教にも世界宗教にもする気がない」っていうのと、ほとんど一緒じゃないかあ。

里村　はい。

西郷隆盛　もう、「ちっちゃなところで生きとればいい」っていうんでしょう？　アリの穴にだけ、洪水《こうずい》が来なきゃいいんだ。雨が降って、世界が沈《しず》もうともねえ、「自分の巣穴にだけ、雨水が染み込《こ》まんかったら、それでいい」って言ってる。こういうことだろう？　なあ？

これは、やっぱり、人間としては、いちばん下の部類に入るわなあ。

里村　はい。

西郷隆盛　自分らの、その「卑《いや》しさ」っていうものを、もっと知らなきゃいかんなあ。

里村　はい。「精神的主柱とは、エル・カンターレ信仰そのものである」ということなんですね。

西郷隆盛　当たり前だ。ほかに何があるわけ？

里村　はい。

西郷隆盛　ほかに何があるわけ？

里村　「幸福実現党は、そのために立てられた政党である」ということです。

西郷隆盛　わしは、犬を連れて散歩したいぐらいだけど、幸福の科学では、わしが犬になっとるぐらいのレベルなんだからさあ。

里村　いや、いや、いや。とんでもございません（苦笑）。

西郷隆盛　いやあ、わしは犬代《が》わりだね。

だからねえ、そのくらい偉大《いだい》な宗教なんだからさあ、偉大な宗教なら偉大な宗教として、ちゃんとそれなりの実体をつくるのは、弟子の義務だろうが！

10　正義の実現には「力の担保《たんぽ》が要《い》る」

最終的には、「戦力」がなければ朝貢《ちょうこう》外交が始まる

里村　精神的主柱《しゅちゅう》を立てることによって、今、われわれ、幸福実現党、幸福の科学グループは、革命を成そうと思っています。

西郷隆盛　うーん。

里村　その上で、今日、ぜひ西郷先生にお伺《うかが》いしたいのは、西郷先生ご自身がなされた革命、幕末維新《いしん》ともかかわるんですけれども、「公武合体論《こうぶがったいろん》」についてです。つまり、「話し合いでもって、このあとのことを決めよう」という意見も、当時、

土佐《とさ》を中心に強うございました。そのなかで大政奉還《ほうかん》が行われたわけです。

しかし、西郷先生は、「武でもって成さねば、革命は成らじ」ということで、いわゆる徹底《てってい》的な革命路線、武力倒幕《とうばく》路線を行かれました。これは、なぜでございましょう。そこには、どういう意味があったのでしょうか。

西郷隆盛　いやあ、それはねえ、まあ、土佐にはそれだけの兵力がなかっただけのことだからさ（笑）。

里村　ああ……、はい。

新政府軍と旧幕府軍が衝突した戊辰戦争の図（上野戦争）。

西郷隆盛　やつらは〝周旋屋《しゅうせんや》〟として生き延びて、やってた。まあ、それが仕事だろうからさあ。

ただ、最後は、それはねえ、最終的担保として、やはり、命懸《いのちが》けで戦う気持ちがなかったら、そんなもの、幕府なんか倒せませんよ。

だから、普通《ふつう》の人間はねえ、今の新聞とかテレビを毎日観《み》て、マスコミに〝汚染《おせん》〟されてる人と一緒《いっしょ》で、現状のままのものがずっと永遠に続くように見てるわけよ。

だけど、最後は、それを倒すだけの実勢力を持たないかぎり、駄目《だめ》なわけよ。

例えば、「中国と話し合いましょう」とか、「北朝鮮《きたちょうせん》と話し合いましょう」と言うことは簡単ですよ。別に被害《ひがい》もないしね。こちらには被害もないし、安全なような気がするけど、いずれ向こうが実力を蓄《たくわ》えたときには、その言葉は通じなくなる。いずれ、土足で上がってくる。そのときに備えがなかったら終わりだわな。

里村　はい。

西郷隆盛　だから、私らが言ってるのは、「話し合っても構わないけども、自衛隊は、中国が土足で上がってきたら、それを追い返せるだけの実力が必要だし、北朝鮮が日本を挑発《ちょうはつ》するんだったら、それは、彼らの軍事基地を、徹底的に叩《たた》き潰《つぶ》すぐらいの戦力はちゃんと持っておくべきだ」と。

それで話し合うんなら、十分な話し合いができるけど、(戦力を)持ってないで話し合うっていうのは、延命《えんめい》というか、民族を生き長らえさせてもらうために懇願《こんがん》するということになるからなあ。これは、朝貢《ちょうこう》外交が始まるよ。

里村　はい。

西郷隆盛　ねえ?　だから、「北朝鮮に……、朝鮮に朝貢外交する」ったら、もう笑い話だわ。なあ?

里村　（苦笑）

西郷隆盛　そうなるよ。

里村　確かに。

西郷隆盛　「お仕置きはいつでもできるけども、その前に、まずは平和的に話し合いをする」っていうのは分かります。だけど、最終的に、その力の担保は要《い》ると私は思います。例えば、アメリカがどんなに間違《まちが》っていても、やっぱり、軍事力が強ければ、最終的には自分の言い分を通すでしょう？　日本は、それに屈《くっ》してるわけだろうからなあ。

里村　はい。

「安倍《あべ》は姑息《こそく》な存在、マスコミはカラスみたいなもの」

西郷隆盛　例えば、（安倍《あべ》総理は）「オバマが嫉妬《しっと》するから、プーチンとは正式には会えない」とか、「公式に会えない」とかな。まあ、コチョコチョやっとるんだろう？

里村　はい。

西郷隆盛　伊勢志摩《いせしま》でサミットをやったように、「山口にプーチンを呼んで、こっそりと非公式に会って」と言うて。

里村　ああ……。

西郷隆盛　プーチンのほうは、「そんなので平和条約が結べると思うとるんか」って。もう向こうが言ってることが王道だよ。

そのとおりだよ。山口なんかでコチョコチョと接待したところで、そんなものはねえ、全然だよ（笑）。次は、あれだ。伊勢神宮の代わりに、松陰《しょういん》神社にでも連れていくつもりかもしらんけども……。

里村　（笑）

西郷隆盛　そんなのはねえ、姑息なんだよ、やつは。やることがな。姑息だから、あれはなあ、ディズニーランドの着ぐるみを着てるキャラクターみたいな、ああいう存在だな。

里村　うーん。

西郷隆盛　着ぐるみを着てるんだよ。

里村　「備えとか実力なくして、話し合いなどないんだ」ということでございますね。

西郷隆盛　そう。いや、少なくとも、「そこまで考えとくのが政治家だ」ということだな。

里村　はああ。

西郷隆盛　まあ、国民はそこまで考えることはできないかもしらんし、口先だけのマスコミも、考えない。

熊本《くまもと》の大地震《おおじしん》があったってさあ、支援《しえん》物資の一つも持っていかないで、マイクだけ持ってギャーギャー放送してるマスコミたちねえ。もう、あれはどうしようもないわなあ。

例えば、「被災してテント村ができました。大変なことです」「テント村が撤去《てっきょ》されました。大変なことです」みたいな、まあ、何があっても「大変」なんでしょう?

もう、こういうやつらはカラスみたいなもんだから、カーカー鳴いとるばっかりで、早くねえ、カラスを捕獲《ほかく》して数を減らしたほうがいいよ。そう思うなあ。

西郷隆盛が廃藩置県《はいはんちけん》を断行した力の源泉《げんせん》とは

里村　もう一点、お伺いいたします。「廃藩置県《はいはんちけん》は、西郷先生がいなければ絶対にできなかった」と、今、歴史的に評価されています。

西郷隆盛　うん。

里村　今の日本人が想像できないぐらい、廃藩置県というのは大変な事業であったと思います。

西郷隆盛　じゃあ、まず沖縄《おきなわ》をすぐ〝廃藩置県〟するんですね。

里村　（笑）ええ、ええ。

西郷隆盛　これをやらなきゃ駄目ですよ。やらなきゃ駄目ですよ！

里村　廃藩置県を断行していった力というか、その政治力の源泉《げんせん》というのは……。

西郷隆盛　「軍事力」です。幕府を倒す力があれば、それは藩ぐらい潰《つぶ》せますよ。幕府を倒す力があって、全国を支配する力があれば、やれるでしょう。だからね、まず沖縄を〝廃藩置県〟しなきゃ駄目ですよ。

里村　なるほど。

西郷隆盛　あんなの、中央政府にあれだけ盾突《たてつ》いてるんですから、それは〝討伐《とうばつ》隊《たい》〟を送らなければ駄目ですねえ。

里村　はい。

西郷隆盛　せっかく、あんた、特殊《とくしゅ》部隊を警視庁でも自衛隊でもいっぱいつくっとるんだからさあ。それ、一回、ちょっと実験したら……。北朝鮮にねえ、空中から降りていく前に、一回、ちょっと沖縄で実践《じっせん》したほうがいいよ。

里村　うん、うん。

西郷隆盛　沖縄県知事公舎を襲《おそ》って、一瞬《いっしゅん》のうちに片づける練習をしてから、次に金正恩《キムジョンウン》を狙《ねら》う、と。この練習は要《い》るんじゃないか？

里村　はい。やはり、それくらいの構えというか、自分を……。

西郷隆盛　いや、「怖《こわ》さ」はねえ、必要なんですよ。

里村　「怖さ」ですね。

西郷隆盛　怖さがないと、人は増長して、甘《あま》えて、余計なことまでおねだりをしてねえ、国に無駄なことをさせたりするわけですよ。やっぱり、力はある程度必要ですよ。もし、正しいことを確信しているならね。

結論が見えたら、早く終わらせることが善

里村　西郷先生といいますと、「優《やさ》しさ」の部分も非常にあり、そのエピソードは欠きません。

西郷隆盛　ありますよ。優しさはあるよ。うーん、だから、ほんとねえ、「君を刺《さし》身《み》にして食べたい」という気持ちもあるのをグッと堪《こら》えてるよ、そらね。

里村　いやいや（笑）。政治には、優しさと同時に、峻烈《しゅんれつ》さというか、怖さの部分も必要です。

西郷隆盛　ないと駄目だなあ。駄目だよなあ。

だから、箱根《はこね》の山で陣地《じんち》を構えてだなあ、勝海舟《かつかいしゅう》が何を画策《かくさく》するかは知らんが、最後は、合意を見なかったら、一気に江戸《えど》をぶっ潰すぐらいの押《お》しがあってこそ、交渉《こうしょう》は成り立つんであってなあ。

まだ、「ちょっと引けば、こちらもちょっと引いて」というような感じの話をやってるようでは、いつまでたっても終わらない。早く終わらせてやることが、やっぱり、「善」であるのでな。だから、長引かせてはいかんこともある。

里村　はあ……。

西郷隆盛　先が見えたらな、結論が見えたら、それは、やらないといかんわなあ。

わしは、「吉田松陰《よしだしょういん》先生や坂本龍馬《さかもとりょうま》先生を葬《ほうむ》った、この幕府というのは絶対に終わらせる」っていう決意を持っとったからなあ。もう、こんなもん、どちらでもやりますよ。和戦両様《わせんりょうよう》ですよ。和戦両様で、どちらでもやりますけど。全面降伏《こうふく》したものに対して、砲火《ほうか》を浴びせる気はなかったけども、ゲリラ戦みたいなのをやる気でいるんだったら、それは、徹底的に叩くつもりでいましたからねえ。

だから、北朝鮮も中国も、やっぱりおんなじですよ。日本もフィリピンとかに、巡視艇《じゅんしてい》だか別のだか知らんけども、二隻《にせき》ぐらい貸したりとか、ゴソゴソして、そういうこともあるかもしらんけど、日本本来の防衛力がきっちりしてなきゃ、やっぱり話にならないと思いますよ。

里村　うーん。

西郷隆盛　「みんなで囲んでるよ」みたいな外交的なメッセージだけでは駄目だね。

「君らは間違っている」っていうことをはっきり言わないと、駄目だね。

「弱い大統領が戦《いくさ》を呼び出す」

里村　西郷先生のお話をお伺いしていて、どうして、中国・北朝鮮をここまで増長させてしまったかの理由がよく分かりました。

西郷隆盛　うん、だから、アメリカの反省が要るんだ！（机を一回叩く）これには絶対に反省しなきゃ駄目なんだよ（机を二回叩く）。アメリカは反省しなければ。ねえ？

里村　ええ。

西郷隆盛　アメリカは、ベトナムで負けたと言ったって、これは、実は、中国軍と戦ってるんだよ。実は、中国軍が、（ベトナムに）物資支援し、軍事支援し、武器も支援して、戦って、アメリカを追い込《こ》んだわけだから。地続きでやっとったからね、向こうがね。

だから、そのときにやられ、（机を何度も叩きながら）朝鮮半島も、三十八度線で中国軍に戦われてな、それで休戦して、戦後の火種を残したわけだから、中国が悪さをして、世界が二分化されているところもあるわけだ。

まあ、ソ連もあったけどもねえ。ソ連のほうはいちおう（冷戦が）終わったかもしらんけど、また、始まるかもしれない予兆《よちょう》がちょっと出てきてる。弱い大統領が戦《いくさ》を呼び出すんですよ。

里村　はあ。

西郷隆盛　〝眠《ねむ》れる幽霊《ゆうれい》〟を、また呼び起こすので、やっぱり、毅然《きぜん》としてなければ駄目なんだよ！

だからねえ、（オバマ大統領は）日本に来て、核《かく》廃絶の演説なんかするなよ！　やりたけりゃ自分で勝手にやればいいよ！　大西洋、バミューダ海域に核を全部ぶち込んだらいいよ！　一万メートル底まで沈《しず》めたらなあ、核兵器だって使えなくなるだろうよ。なあ。やってから言えよ。

里村　つくづく、日本で、「核兵器なき世界」などと言わせたことが間違っていたというのが、よく分かりました。

西郷隆盛　それはもう、君ねえ、絶対、〝人斬《ひとき》り以蔵《いぞう》〟を呼んでこないといかんわ。

矛盾《むじゅん》点の多いオバマ大統領の言動

七海　日米同盟を堅持《けんじ》しながらも、アメリカに強く反省を迫《せま》っていく上で、また、政治家がどのような態度で交渉を……。
西郷隆盛　いや、それは、日本にそれだけの実力があることが大事ですよ。
里村　はい。
西郷隆盛　実力を持たなきゃいけません。
七海　軍事的な実力……。
西郷隆盛　経済的にも、この二十五年の低迷を抜《ぬ》け出し、軍事的にも、自主独立の路線を敷《し》く。理由ははっきりありますから。アメリカが護《まも》ってくれるやら、くれないやら、分からないからね。

もう、とにかく、オバマさんはだねえ、核廃絶のあれを言っただけではないよ。「通常兵器によっても大勢の人の命が奪《うば》われました。人類の罪です」みたいなことを言うとるよ。

里村　ええ。

西郷隆盛　だから、通常戦争もできないようなことを言いながら、その前々日かには、ベトナムに行って、兵器の供与《きゅうよ》を言ってんだからなあ。ベトナムは旧ソ連製や（机を叩く）中国製の武器しか持ってないから、「最新式のアメリカ製ので供給してやる」と言ってるんでしょう？

それで、核廃絶を日本で言いながらだねえ、●これから何十年か三十年かなんかかけて、アメリカの核兵器の最新鋭化《さいしんえい》のために百兆円か使うとか言うてる議会のあれに承認しているんだからさあ、オバマさんは。もう、人格なんか、〝狸《たぬき》〟も〝狐《きつね》〟

●これから何十年か三十年かなんかかけて……　アメリカは、冷戦時代の核兵器が耐用年数を過ぎるため、今後30年間で、総額1兆ドルの予算を割き、核兵器の最新鋭化を目指すと報道されている。

も一緒に持っとるよ、こいつは。えぇ？

里村　なるほど。

西郷隆盛　だから、個人的な名誉《めいよ》のためにいい格好をして、後世に記録されよう、記憶《きおく》されようと思うとるんだろうけど、やっぱり、やったことをよく見てから言ったほうがいいよ。

里村　なるほど。

11 幸福実現党への叱咤激励《しったげきれい》

「わしの言うことをきかんかったら、富士山噴火《ふじさんふんか》で自爆《じばく》だ」

里村　今日のお話をお伺《うかが》いして、大きな憤《いきどお》りというものを感じたのですが、やはり、箱根《はこね》の噴火《ふんか》や熊本《くまもと》の……。

西郷隆盛　そんな小さいものを、もう……。

里村　あ、小さい!?

西郷隆盛　ああ、そんなん……。

里村　何か、かかわられたかと……。

西郷隆盛　わしの言うことをきかんかったら、最後は、もう富士山《ふじさん》噴火で〝自爆《じばく》〟やぞ。日本は、ほんとに。

里村　ああ……。

西郷隆盛　ええ？　知らんよ。知らんよ。もう。言うことをきかん国民に対しては、モーセの神様だってさあ、十の災《わざわ》いをエジプトにもたらしてだねえ、これでもか、これでもかというぐらい災いを起こしたんだからさ。そのくらいのことを日本の神様が起こせんと思うとるんかっていうねえ。

里村　ええ。

西郷隆盛　まあ、十も災いは要《い》らんだろうから、富士山一発で終わりにしてやるからさあ。

里村　うーん。

西郷隆盛　ええ？　まあ、「こちらは本気だぞ」ということを知っといたほうがいい。日本がまっすぐな国にならんかったら、こんな国は要らんのだからさ。「邪悪《じゃあく》な国だ」と言われ続けて、それで、「へいへいへい、そうでございます」と言っておれるような卑屈《ひくつ》な国だったら、要らないと言ってるの。

明治時代にも現代にもはびこっている「技術屋」

里村　もう一点、現代につながる問題に関しまして、単なる戦後というものを外して明治からの日本を考えたときに、西郷先生は、西南戦争で、若者たちと一緒《いっしょ》にお亡《な》くなりになりましたけれども、あのとき、政府側と意見が割れました。政府側は、「立憲君主的な日本」をつくろうと考えましたが、西郷先生は、もっと強い「天皇親政」が、日本の政治としては理想型だとお考えになった……。

西郷隆盛　うーん、そういう〝技術的〟なことを西洋へ行って学んできたやつが、いっぱいグチャグチャと言うとったから、意見が合わない部分もあった。まあ、全国に不平武士はいっぱいいたけども、でも、「次には外国との戦争が来る」と、私は読んどったんでね。

里村　ああ。

西郷隆盛　実際に、日清《にっしん》・日露《にちろ》と起きてますからねえ。

里村　はい。

西郷隆盛　「不平武士たちをちゃんと戦力として使ってやったほうが、国も安定してよろしい」と言うとったわけで、別に私の考えが間違《まちが》ったわけではないとは思っておるんだけど。そのへんに対して、西洋へ行って、西洋かぶれしたやつらがね、「三権分立」だとか、「議会制民主主義」だとかな、「憲法制定」だとか、そんなようなことで、グチャグチャ、グチャグチャと技術論をやり始めた。

里村　はああ。

西郷隆盛　今で言やあさ、安保法制に対して、憲法学者たちが集まってね、「立憲主義が大事だ」みたいなのを一生懸命《いっしょうけんめい》に言ったけど、あれは〝蛆虫《うじむし》〟どもなんだよ。ああいうのはねえ。腐《くさ》った木を開けたら、下から、もう、蛆虫なんかがいっぱい湧《わ》いて出てくる。

里村　なるほど。

西郷隆盛　あれは蛆虫どもなんだよ。腐った朽《く》ち木の下でねえ、飯《めし》を食ってる人たちなんだから。アメリカに押《お》しつけられてつくった憲法を、いかに正当化して見せるかを、七十年……、七十年じゃない、六十何年か知らんけども、やってみせた連中たちが、朽《く》ち木《き》を開けられて、自分らが腐敗していることを見られたくないために、一生懸命、抵抗《ていこう》勢力になって、言うとるんだよ。

だからねえ、あれは、「売国奴《ばいこくど》」の集まりなんだよ。別に国を護《まも》ってるわけでも何でもない。自分らの職業を正当化している。実は、密輸ルートで仕入れたやつを売り捌《さば》いているようなやつらなんだよ。な？　そんな感じなんでな。

まあ、そういう〝技術屋〟はいっぱいいるのでね。明治にも、そういうのがはびこり始めた。

里村　なるほど。

西郷隆盛　そのへんがちょっと悔《くや》しかったし。

あと、明治維新《いしん》で偉《えら》くなったやつらが、金を蓄《たくわ》え、大邸宅《だいていたく》を建てて、まあ、これ以上は言っちゃいけないかもしらんけど、鹿鳴館《ろくめいかん》みたいだか何だか、もういろいろと遊びほうけて、貴族のまねをしてな。まあ、欧州《おうしゅう》を駄目《だめ》にした、いわゆる貴族文化をまねして、やり始めて。日本は、何て言うかなあ、神の国としてのやるべきことは、まだ終わっとらんのを忘れた。

次に、「武の時代がまた来る」のにねえ。戦いが、少なくとも、日清、日露、第一次、第二次と、四つ起きてるし、朝鮮《ちょうせん》戦争だって、起きてもおかしくなかったあれだからねえ。

「まだ、四つ、五つぐらいは戦いがあるというときに、そんな鹿鳴館みたいなんで弾《はじ》けとる場合か」っていうことだよな。それを言うておったんだがなあ。分からんかったからさあ。

里村　なるほど。政治家として、「先を見る力」というものの大切さを、今、学ばせていただきました。

西郷隆盛　まあ、いいよ。時代は変わるからさ。一人で幾《いく》つも仕事はできんからさ。〝大きな爆破〟を一つやったら、それで、一つの仕事は終わるのかもしらんから、次の人がやらないといかんものだろうがなあ。

幸福実現党は「二十一回猛士《もうし》」で行け

里村　今日はたくさん学びを頂きましたので、私のほうからは最後の質問になりますけれども、これからまた、幸福実現党も、西郷先生がおっしゃったように、〝屍《しかばね》の山〟を築きながらも次の戦いを目指してまいります。

西郷隆盛　七度目かね？　これ、そろそろ。うん？　六度目かね？

里村　五度目の……。

西郷隆盛　分からん。回数が分からんわ。

里村　はい（笑）。回数は……。

西郷隆盛　まあ、もう楠木正成《くすのきまさしげ》で行けえ！　「七生報国《しちしょうほうこく》」。アッハハ……（笑）。

里村　ええ。

西郷隆盛　「七回死んでも国のために尽《つ》くす」。もう、あのくらい行かなきゃいけないな。

里村　まさに、そのとおりでございます。

西郷隆盛　あるいは、吉田松陰《よしだしょういん》の「二十一回猛士《もうし》」で、「二十一回勇猛《ゆうもう》な行為《こうい》をしてでも国に尽くす」。このくらい言っとけばいいや。七回だったら、もうそろそろ終わるかもしんないから、吉田松陰の「二十一回猛士」で行け！「私たちは、二十一回、屍をつくるぐらいでやる」と。

いやあ、そのくらいやっとりゃ、今世紀中にはねえ、絶対、政権は取れるよ。間違いない。大丈夫《だいじょうぶ》だ。

里村　いや（苦笑）、今世紀中では、日本という国家が、まさに、その〝蛆虫ども〟の暗躍《あんやく》で倒《たお》れるかも分かりませんので、急ぎますけれども。

西郷隆盛　いや、君たちが二十一回も嫌《いや》だったら、富士山を噴火させたるから。

里村　はい。できれば、富士山の噴火も避《さ》けたいんですけれども（苦笑）。

維新の志士たちを育てた「真の教育者の姿」に学ぶ。
『吉田松陰「現代の教育論・人材論」を語る』
（幸福の科学出版刊）

激誠の教育者・吉田松陰が、国難と戦うリーダーの心構えを説く。
『一喝！ 吉田松陰の霊言』
（幸福の科学出版刊）

「真実を伝えないところはマスコミの名に値《あたい》しない！」

里村　私のほうからお願いしたいこととしまして、幸福実現党の立候補者、党員を含《ふく》め、「これが足りない」、あるいは、「こうせよ」というところがありましたら、アドバイスを頂きたいと思います。

西郷隆盛　大阪《おおさか》にさあ、何か、「維新の会」だの、「維新の党」だのいう、へんてこりんなものを、幸福実現党立党のころにつくられて、ああいうもんで攪乱《かくらん》されてさあ。何が維新なの？　大阪を何？　大阪都にしたら、それが維新になるわけ？

里村　（笑）

西郷隆盛　バカバカしいことを言うなよ。維新の〝逆〟でしょうが。それは、もう

〝逆バージョン〟で、「昔戻《もど》り」するだけでしょう? 地方自治で、一カ所に重点を集めるなんて、こんなの、維新のはずがありませんよ。維新っていうのは、そんなもんじゃないでしょうが。

だからねえ、何て言うか、虚名《きょめい》を流すのは、もう、ほどほどにしてほしい。そんなのを、マスコミが面白《おもしろ》がって、ワアワア取り扱《あつか》って、君らの登場を煙幕《えんまく》で隠《かく》したんだよ。これは「罪」だよ。

この罪は償《つぐな》わせるからねえ。大手新聞社、大手テレビ局の倒産をもって、この罪は必ず証明してみせるからね。まあ、見てろ。

里村　はい。分かりました。

西郷隆盛　真実を伝えないところは、マスコミの名に値《あたい》しない!

これについては、きっちりとけじめをつけさせてもらうから、近いうちに。

里村　西郷先生より、大いなる応援《おうえん》を頂いていると、伝えさせていただきます。「国家デザインなき金のバラマキ」は不毛

七海　何とかして……。

西郷隆盛　君、いいんか？　スカートなんか穿《は》き続けていいんか？　袴《はかま》に変えなさいよ。

七海　はい。心は、そのようにまいりたいと思います。

西郷隆盛　うーん、うーん。

七海　なかなか難しく、厳しい状況《じょうきょう》ではありますけれども、全国で、何とか、この夏の参院選において結果を出そうとしております。

西郷隆盛　なんせなあ、もう（自民党は）五兆も十兆も金をばら撒《ま》いて、何議席か、いや、百何十議席か知らんけどさあ、取ろうとしてるんだろ？

里村　はい。

西郷隆盛　もう、ほんっとにどうしようもねえやつらだよなあ。

里村　ええ。

西郷隆盛　まあ、ほんと（笑）、金にもの言わせてやってるのは、これは〝田沼《たぬま》政治〟より、もっとひどいなあ。

里村　ああ……。

西郷隆盛　最近、田中角栄《たなかかくえい》のも、よく言うけども、あの田中角栄の金なんか、かわいいもんじゃないかな。

里村　（笑）はい。

西郷隆盛　もっともっと大きいよ、これなあ。公然と国の予算をばら撒きまくって、やろうとしてるんで。角栄は、金はばら撒いたかもしらんけど、でも、「大きな国家のデザイン」は持っとったんじゃないかな。もうちょっとなあ。

里村　ええ。

西郷隆盛　「国家デザインなき金のバラマキ」っていうのはねえ、もう不毛ですよ。だから、ほんとねえ、姑息《こそく》に、自分の任期を二年とか三年とか延ばすためだけに、そういうことをするんだったら、それは「国賊《こくぞく》」ですよ。国賊と言わざるをえないよねえ。いやあ、長州《ちょうしゅう》の恥《はじ》だわ。私は、そう思うな（注。安倍《あべ》首相は江戸《えど》時代の長州藩《はん》である山口県の出身）。

幸福実現党役員である質問者に活を入れる西郷隆盛

七海　とにかく、嘘《うそ》のない、まっすぐな政治をつくれるよう、宗教立国への一歩をつくってまいります。

西郷隆盛　君も男になりなさい！　男に。

七海　はい。

西郷隆盛　ええ？　もう、女なんか要《い》らん。

里村　いやいやいやいやいや、そんなことはありません。

西郷隆盛　男な……、いや、いや、いや、いてもいいが、まあ、気持ちはな？　うん。「益荒男《ますらお》」でなきゃいかん。

七海　はい。

里村　はい。「益荒男で行く」ということですね。

七海　ありがとうございます。

里村　（森國に）よろしいですか？

森國　はい。

西郷隆盛　（森國に）君、〝焼き討《う》ち〟専門なんだから、もっと頑張《がんば》れよ。

里村　（笑）

森國　悪を憎《にく》んで……。

西郷隆盛　うーん。ちゃんと、邪悪なるものをはっきりと言う。そういう人がいなきゃ駄目なんだよ！

森國　はい。

西郷隆盛　口から火を噴《ふ》け！

森國　はい。かしこまりました。

里村　「現代における焼き討ちとは何か」を考えまして……。

西郷隆盛　いや、こういう、ちょっと〝とぼけた顔〟をねえ、変革する必要がある。もうちょっと。

森國　（笑）今回の参院選は、日本にとっても本当に大勝負になると思いますので、幸福実現党も一丸となって頑張ってまいりたいと思います。

西郷隆盛　君、ドラキュラ用の付け歯でも付けて、ガーッ！　と、牙《きば》でも剥《む》いて、やってもいいかもしらんなあ。

森國　（笑）

「精神棒を入れてやらないといかん」

里村　今日は、さまざまな教えを頂きましたけれども、私どもとしては、富士山噴火に至らずに、何とかこの日本の政体を変え、ぜひ、西郷先生にご安心いただけるような国にするよう、頑張ってまいります。

西郷隆盛　まあ、精神棒をちょっと入れてやらないといかんでなあ。もう、「富士山噴火」の前に、幸福の科学が〝自爆〟して、崩壊《ほうかい》するみたいな、そんなもろい団体になりそうな感じがするので……。

七海　政治で宗教を護り抜《ぬ》いていきたいと思います。

西郷隆盛　ええ？　いや、君らはさあ、教団を〝小さく〟見せる努力ばっかりしてるように見えてしょうがないんだよ。信者数の分だけ票が入ったことはないんじゃないのか。

創価学会だって、（公明党の）票は、信者数の〝何倍か〟に見せてるんですからねえ。実際の信者数よりは多いんですから、何倍も入ってるんで。今は、創価学会が公明党を支配してるっていうことを知らない人、政党として自立してると思ってる人がいっぱいいるわけで、そういうのが騙《だま》されて、いっぱい票を入れてるんですからね。自民党の支持層も取り込《こ》んでやってるんだから、彼らはねえ。君らは、もうちょっと、ちゃんとやらないかんよ。

里村　はい。

西郷隆盛　それから、共産党なんていう、あんなねえ、ほんとは〝人殺し〟の政党がさあ、なんかねえ、「平和の使者」みたいな顔してやってる。こういう嘘が堂々とまかり通って、何十年も政党が維持できてるっていう、こういうところも、やっぱり、キチッとけじめをつけないといかんよ。

里村　はい！　分かりました。私どもの精進《しょうじん》で、日本の政治、国家から、嘘をなくしてまいります。

西郷隆盛　うん、うん。

里村　本日は、まことにありがとうございました。

森國・七海　ありがとうございました。

西郷隆盛　うん。まあ、刺身《さしみ》にされる前に、君ねえ、ちゃんと頑張るんだよ？

里村　はい。もっと頑張ります！

西郷隆盛　はい。

質問者一同　ありがとうございました。

12　六年前より切迫《せっぱく》した意識だった西郷隆盛の霊《れい》

大川隆法　（手を二回叩《たた》く）今回は、三回目の霊言《れいげん》ということもあって、かなり話してはくださいましたね（『大川隆法霊言全集　第12巻』〔宗教法人幸福の科学刊〕、前掲《ぜんけい》『西郷隆盛　日本人への警告』参照）。

里村　はい。

大川隆法　（『西郷隆盛　日本人への警告』を手に取って）今は、このときとは少し違《ちが》う意識を持っておられるというか、もう少し責任感のある、切迫《せっぱく》した意識を持っておられるようには感じました。

これが伝わるでしょうか。もう少し、これを信者にも伝えないといけないし、世《せ》間《けん》の（幸福実現党を）〝なめている〟ところあたりに対しても、やはり、ピシッと言うことができなければいけないということでしょう。

里村　はい。

大川隆法　（ため息をつく）「二十一回猛士《もうし》」ですか。

里村　（苦笑）いや、二十一回にならないように頑張《がんば》ってまいります。

大川隆法　確かに、「宗教として、教団を小さく見せている」というのは、宣伝にもなっていないということでしょう。

ただ、少なくとも、オピニオンそのものには、かなり影響《えいきょう》が出ていることは事実なので、やっていることが無駄《むだ》とは思えません。

（『西郷隆盛　日本人への警告』を手に取って）このころに比べれば、そうとう、当会の意見が通っています。ですから、「もう一段の力」を持つ必要があるし、やはり、こういう意見が、新聞やテレビなどで堂々と流れるぐらいにならないといけないでしょうね。

里村　はい。

大川隆法　ともかく、もう一押《ひとお》しの実力が要《い》るのは、そのとおりだと思います。やはり、「常識」を粉砕《ふんさい》しなければ勝てません。

「お金がない」「常識から離《はな》れている」という〝二重苦〟はあるのかもしれませんが、打ち破らなければいけないということです。

里村　はい。

大川隆法　先のことは先のこととして、とりあえず、今、前にあるものを突破《とっぱ》していかなければいけないのではないでしょうか。

質問者一同　ありがとうございました。

あとがき

一千兆円を超す財政赤字をつくった国会議員を追放せよ、という言葉は、一見過《か》激《げき》だが、この単純な正論が、今まで、マスコミも含めて、誰からも発されなかったことが驚きである。

まだ記憶に新しい伊勢志摩《いせしま》サミットも、宗教性を無視した。また、核爆弾を投下した歴史上唯一《ゆいいつ》の国、アメリカ合衆国大統領に、「人類の罪」にすりかえて美辞麗《びじれい》句《く》を広島で語らせた。さらに、その演説は無批判に放送に流されて、安倍政権に利用された。こういう事実に、マスコミも日本人も気づいていないことが残念である。

私たちが唱《とな》えている「幸福実現革命」が、神武《じんむ》天皇の大和朝廷《やまとちょうてい》開始や、明治維新に続くものであることを、強烈《きょうれつ》に国民に訴《うった》えかける一書が本書であったと思う。

二〇一六年　六月十五日

幸福《こうふく》の科学《かがく》グループ創始者兼総裁《そうししゃけんそうさい》
幸福実現党創立者兼総裁《こうふくじつげんとうそうりつしゃけんそうさい》　大川隆法《おおかわりゅうほう》

『政治家の正義と徳　西郷隆盛の霊言』大川隆法著作関連書籍

『西郷隆盛 日本人への警告』（幸福の科学出版刊）
『心を練る　佐藤一斎の霊言』（同右）
『財政再建論　山田方谷ならどうするか』（同右）
『箱根山噴火リーディング』（同右）
『熊本震度7の神意と警告』（同右）
『吉田松陰「現代の教育論・人材論」を語る』（同右）
『一喝！　吉田松陰の霊言』（同右）
『原爆投下は人類への罪か？
――公開霊言 トルーマン&F・ルーズベルトの新証言――』（幸福実現党刊）

※左記は書店では取り扱っておりません。最寄りの精舎・支部・拠点までお問い合わせください。

『大川隆法霊言全集　第12巻　西郷隆盛の霊言／福沢諭吉の霊言／木戸孝允の霊言』

（宗教法人幸福の科学刊）

政治家《せいじか》の正義《せいぎ》と徳《とく》　西郷隆盛《さいごうたかもり》の霊言《れいげん》

2016年 6 月18日　初版第 1 刷

著　者　　大《おお》 川《かわ》 隆《りゅう》 法《ほう》

発行所　　幸福の科学出版株式会社

〒107-0052 東京都港区赤坂 2 丁目 10 番 14 号
TEL(03)5573-7700
http://www.irhpress.co.jp/

印刷・製本　株式会社 研文社

ISBN978-4-86395-805-0 C0030
カバー写真：TungCheung/Shutterstock ／ KPG_Payless/Shutterstock
本文写真：AFP ＝時事／時事／写真提供：共同通信社／ digi009/PIXTA

大川隆法 霊言シリーズ・現代に甦る明治維新の志士たち

西郷隆盛 日本人への警告

この国の未来を憂う

西郷隆盛の憂国の情、英雄待望への激励が胸を打つ。日本を襲う経済・国防上の危機を明示し、この国を救う気概を問う。

1,200円

坂本龍馬 天下を斬る！

日本を救う維新の気概

日本国憲法は「廃憲」し、新しく「創憲」せよ！　混迷する政局からマスコミの問題点まで、再び降臨した坂本龍馬が、現代日本を一刀両断する。【幸福実現党刊】

1,400円

一喝！ 吉田松陰の霊言

21世紀の志士たちへ

明治維新の原動力となった情熱、気迫、激誠の姿がここに！　指導者の心構えを説くとともに、本物の革命家とは何かが示される。

1,200円

※表示価格は本体価格（税別）です。

大川隆法 霊言シリーズ・現代に甦る明治維新の志士たち

維新の心

公開霊言 木戸孝允・山県有朋・伊藤博文

明治政府の屋台骨となった長州の英傑による霊言。「幸福維新」を起こすための具体的な提言が、天上界から降ろされる。

1,300 円

佐久間象山
弱腰日本に檄を飛ばす

国防、財政再建の方法、日本が大発展する思想とは。明治維新の指導者・佐久間象山が、窮地の日本を大逆転させる秘策を語る!【幸福実現党刊】

1,400円

橋本左内、
平成日本を啓発す

稚心を去れ!

安逸を貪る日本人よ、志を忘れていないか。国防危機が現実化しても、毅然とした態度を示せない日本を、明治維新の先駆者が一喝!【幸福実現党刊】

1,400円

大川隆法 霊言シリーズ・日本の神々の神意を探る

熊本震度７の神意と警告

天変地異リーディング

今回の熊本地震に込められた神々の意図とは？ 政治家、マスコミ、そしてすべての日本人に対して、根本的な意識改革を迫る緊急メッセージ。

1,400円

箱根山噴火リーディング

首都圏の噴火活動と「日本存続の条件」

箱根山の噴火活動は今後どうなるのか？ 浅間山・富士山噴火はあるのか？ 活発化する火山活動の背景にある霊的真相を、関東を司る神霊が語る。

1,400円

神武天皇は実在した

初代天皇が語る日本建国の真実

神武天皇の実像と、日本文明のルーツが明らかになる。現代日本人に、自国の誇りを取り戻させるための「激励のメッセージ」！

1,400円

大川隆法ベストセラーズ・宗教立国を目指して

宗教立国の精神

この国に精神的主柱を

なぜ国家には宗教が必要なのか？ 政教分離をどう考えるべきか？ 宗教が政治活動に進出するにあたっての決意を表明する。

2,000円

政治と宗教の大統合

今こそ、「新しい国づくり」を

国家の危機が迫るなか、全国民に向けて、日本人の精神構造を変える「根本的な国づくり」の必要性を訴える書。

1,800円

大川隆法の守護霊霊言

ユートピア実現への挑戦

あの世の存在証明による霊性革命、正論と神仏の正義による政治革命。幸福の科学グループ創始者兼総裁の本心が、ついに明かされる。

1,400円

最新刊

政治と宗教を貫く

新しい宗教政党が日本に必要な理由

大川隆法　大川真輝　共著

すべては人々の幸福を実現するため――。歴史、憲法、思想から「祭政一致」の正しさを解き明かし、政教分離についての誤解を解消する一冊。

1,500円

わかりやすく読む「留魂録」

なぜ吉田松陰は神となったか

大川咲也加　著

松陰の遺言、その精神が現代によみがえる――。迫りくる外国からの侵略危機のなか、若き志士たちを革命家へと変えた松陰の「言魂」が、ここに。

1,500円

吉田松陰
奇跡の古今名言 100

大川咲也加　著

吉田松陰の「言魂の力」を、「志」「勇気」「誠」など９つのテーマ別に厳選紹介！「生前の名言」に「あの世の松陰の名言」が加わった奇跡の一冊。

1,200円

※表示価格は本体価格（税別）です。

大川隆法「法シリーズ」・最新刊

正義の法

法シリーズ
第22作

憎しみを超えて、愛を取れ

テロ事件、中東紛争、中国の軍拡――。
どうすれば世界から争いがなくなるのか。
あらゆる価値観の対立を超える
「正義」とは何か。
著者二千書目となる「法シリーズ」最新刊！

2,000円

第１章　神は沈黙していない――「学問的正義」を超える「真理」とは何か
第２章　宗教と唯物論の相克――人間の魂を設計したのは誰なのか
第３章　正しさからの発展――「正義」の観点から見た「政治と経済」
第４章　正義の原理
――「個人における正義」と「国家間における正義」の考え方
第５章　人類史の大転換――日本が世界のリーダーとなるために必要なこと
第６章　神の正義の樹立――今、世界に必要とされる「至高神」の教え

※表示価格は本体価格（税別）です。

幸福の科学グループのご案内

宗教、教育、政治、出版などの活動を通じて、地球的ユートピアの実現を目指しています。

幸福の科学

一九八六年に立宗。信仰の対象は、地球系霊団の最高大霊、主エル・カンターレ。世界百カ国以上の国々に信者を持ち、全人類救済という尊い使命のもと、信者は、「愛」と「悟り」と「ユートピア建設」の教えの実践、伝道に励んでいます。

（二〇一六年六月現在）

愛

幸福の科学の「愛」とは、与える愛です。これは、仏教の慈悲《じひ》や布施《ふせ》の精神と同じことです。信者は、仏法真理をお伝えすることを通して、多くの方に幸福な人生を送っていただくための活動に励んでいます。

悟り

「悟り」とは、自らが仏の子であることを知るということです。教学《きょうがく》や精神統一によって心を磨き、智慧《ちえ》を得て悩みを解決すると共に、天使・菩薩《ぼさつ》の境地を目指し、より多くの人を救える力を身につけていきます。

ユートピア建設

私たち人間は、地上に理想世界を建設するという尊い使命を持って生まれてきています。社会の悪を押しとどめ、善を推し進めるために、信者はさまざまな活動に積極的に参加しています。

海外支援・災害支援

国内外の世界で貧困や災害、心の病で苦しんでいる人々に対しては、現地メンバーや支援団体と連携して、物心両面にわたり、あらゆる手段で手を差し伸べています。

自殺を減らそうキャンペーン

年間約３万人の自殺者を減らすため、全国各地で街頭キャンペーンを展開しています。

公式サイト　**www.withyou-hs.net**

ヘレンの会

ヘレン・ケラーを理想として活動する、ハンディキャップを持つ方とボランティアの会です。視聴覚障害者、肢体不自由な方々に仏法真理を学んでいただくための、さまざまなサポートをしています。

公式サイト　**www.helen-hs.net**

ハッピー・サイエンス・ユニバーシティ

Happy Science University

ハッピー・サイエンス・ユニバーシティとは

ハッピー・サイエンス・ユニバーシティ(HSU)は、大川隆法総裁が設立された「現代の松下村塾」であり、「日本発の本格私学」です。

建学の精神として「幸福の探究と新文明の創造」を掲げ、チャレンジ精神にあふれ、新時代を切り拓く人材の輩出を目指します。

学部のご案内

人間幸福学部

人間学を学び、新時代を切り拓くリーダーとなる

経営成功学部

企業や国家の繁栄を実現する、起業家精神あふれる人材となる

未来産業学部

新文明の源流を創造するチャレンジャーとなる

未来創造学部

2016年4月開設

時代を変え、未来を創る主役となる

政治家やジャーナリスト、ライター、俳優・タレントなどのスター、映画監督・脚本家などのクリエーター人材を育てます。※

※キャンパスは東京がメインとなり、2年制の短期特進課程も新設します(4年制の1年次は千葉です)。2017年3月までは、赤坂「ユートピア活動推進館」、2017年4月より東京都江東区(東西線東陽町駅近く)の新校舎「HSU未来創造・東京キャンパス」がキャンパスとなります。

住所 〒299-4325 千葉県長生郡長生村一松丙 4427-1
TEL.0475-32-7770

教育

学校法人 幸福の科学学園

学校法人 幸福の科学学園は、幸福の科学の教育理念のもとにつくられた教育機関です。人間にとって最も大切な宗教教育の導入を通じて精神性を高めながら、ユートピア建設に貢献する人材輩出を目指しています。

幸福の科学学園

中学校・高等学校（那須本校）
2010年4月開校・栃木県那須郡（男女共学・全寮制）
TEL **0287-75-7777**
公式サイト **happy-science.ac.jp**

関西中学校・高等学校（関西校）
2013年4月開校・滋賀県大津市（男女共学・寮及び通学）
TEL **077-573-7774**
公式サイト **kansai.happy-science.ac.jp**

仏法真理塾「サクセスNo.1」 TEL **03-5750-0747**（東京本校）
小・中・高校生が、信仰教育を基礎にしながら、「勉強も『心の修行』」と考えて学んでいます。

不登校児支援スクール「ネバー・マインド」 TEL **03-5750-1741**
心の面からのアプローチを重視して、不登校の子供たちを支援しています。
また、障害児支援の**「ユー・アー・エンゼル!」運動**も行っています。

エンゼルプランV TEL **03-5750-0757**
幼少時からの心の教育を大切にして、信仰をベースにした幼児教育を行っています。

シニア・プラン21 TEL **03-6384-0778**
希望に満ちた生涯現役人生のために、年齢を問わず、多くの方が学んでいます。

NPO 活動支援

学校からのいじめ追放を目指し、さまざまな社会提言をしています。また、各地でのシンポジウムや学校への啓発ポスター掲示等に取り組む一般財団法人「いじめから子供を守ろうネットワーク」を支援しています。

公式サイト **mamoro.org**
相談窓口 **TEL.03-5719-2170**
ブログ **blog.mamoro.org**

政治

幸福実現党

内《ない》憂《ゆう》外《がい》患《かん》の国難に立ち向かうべく、二〇〇九年五月に幸福実現党を立党しました。創立者である大川隆法党総裁の精神的指導のもと、宗教だけでは解決できない問題に取り組み、幸福を具体化するための力になっています。

幸福実現党 釈量子サイト
shaku-ryoko.net

Twitter
釈量子@shakuryoko
で検索

党の機関紙
「幸福実現NEWS」

幸福実現党 党員募集中

あなたも幸福を実現する政治に参画しませんか。

- ○ 幸福実現党の理念と綱領、政策に賛同する18歳以上の方なら、どなたでも党員になることができます。
- ○ 党員の期間は、党費(年額 一般党員5千円、学生党員2千円)を入金された日から1年間となります。

党員になると

党員限定の機関紙が送付されます。
(学生党員の方にはメールにてお送りします)
申込書は、下記、幸福実現党公式サイトでダウンロードできます。

住所:〒107-0052
東京都港区赤坂2-10-8 6階
幸福実現党本部

TEL 03-6441-0754
FAX 03-6441-0764
公式サイト hr-party.jp
若者向け政治サイト truthyouth.jp

出版メディア事業

幸福の科学出版

大川隆法総裁の仏法真理の書を中心に、ビジネス、自己啓発、小説など、さまざまなジャンルの書籍・雑誌を出版しています。他にも、映画事業、テレビ・ラジオ番組の提供など、幸福の科学文化を広げる事業を行っています。

アー・ユー・ハッピー？
are-you-happy.com

ザ・リバティ
the-liberty.com

幸福の科学出版
TEL **03-5573-7700**
公式サイト **irhpress.co.jp**

THE FACT
ザ・ファクト
マスコミが報道しない
「事実」を世界に伝える
ネット・オピニオン番組

Youtubeにて
随時好評配信中！

ザ・ファクト　検索

NEW STAR PRODUCTION

ニュースター・プロダクション

ニュースター・プロダクション(株)は、新時代の〝美しさ〟を創造する芸能プロダクションです。二〇一六年三月には、ニュースター・プロダクション製作映画「天使に〝アイム・ファイン〟」を公開しました。

公式サイト
newstar-pro.com